Langenscheidt

Französische Grammatik – kurz und schmerzlos

Von Catherine Dautel

Langenscheidt

Berlin · München · Wien · Zürich · New York

Herausgegeben von der Langenscheidt-Redaktion
Neu bearbeitet von Georgette Liedtke
Illustrationen: Claas Janssen, www.janssen-illustration.de
Projektmanagement: Anne Ley-Schalles
Layout: Ute Weber

www.langenscheidt.de

Satz: kaltnermedia GmbH, Bobingen
Druck: Longo AG, Bozen
Printed in Italy

ISBN 978-3-468-34879-2

10010

Inhalt

Vorwort

Sie werden sehen: Französische Grammatik kann Spaß machen! So kurz und schmerzlos wie möglich führt dieses Sprachtraining Sie in die wichtigsten Gebiete der Grammatik ein. Lustige Cartoons illustrieren die zentralen Themen und vermitteln Ihnen Regeln auf amüsante und lockere Weise. Es ist nicht das Ziel des Buches, erschöpfend zu sein – denn das wäre höchstens für Sie erschöpfend!

Die Französische Grammatik – kurz und schmerzlos von Langenscheidt ist nach dem kommunikativen Ansatz konzipiert. Das heißt: Nicht die Regel steht im Vordergrund, sondern die Funktion der Sprache. Sie lernen also zu erkennen: „Was teilt mir mein Gesprächspartner wie mit?“ Anschließend können Sie Ihr neu erworbenes Wissen in vielen Übungen trainieren. Um Ihnen das Lernen zu erleichtern, haben wir die Wörter, Wendungen und Beispiele ins Deutsche übersetzt. Die Lösungen zu den Übungen finden Sie am Ende des Buches.

Nehmen Sie sich nicht vor, das ganze Buch auf einmal zu verschlingen – das wäre ein zu großer Brocken, der Ihnen schwer im Magen liegen könnte. Versuchen Sie lieber, öfter einen kleinen Happen voll auszukosten – so kommen Sie sicher und ohne Verdauungsbeschwerden ans Ziel.

Zur Wiederholung oder um Ihr Wissen aufzufrischen, können Sie die „Frosch-Technik“ anwenden: Hüpfen Sie einfach von Regel zu Regel oder von Übung zu Übung und schnappen Sie sich jeweils den Bissen, der Ihnen gerade am besten schmeckt!

Viel Spaß und Erfolg wünscht Ihnen
Ihre Langenscheidt-Redaktion

1 Artikel
oder **Bestimmte und unbestimmte Dinge**

Hast du eine Katze? – Nein, das ist die Katze des Nachbarn. Er ist der Zoodirektor.

Hier fängt Ihre Entdeckungsreise durch die französische Grammatik an. Viel Spaß mit der französischen Sprache und Ihrer Kurz-und-schmerzlos-Grammatik.

⚡ Ein Substantiv kann nicht alleine stehen. Es wird fast immer von einem Artikel begleitet, und zwar von einem *bestimmten* (im Deutschen: *der*, *die*, *das*), einem *unbestimmten* Artikel (im Deutschen: *ein*, *eine*) oder einem sogenannten *Teilungsartikel* (den gibt es im Deutschen nicht).

1.1 Bestimmter Artikel oder ***Der, die, das***

	Maskulin vor Konsonant	vor Vokal oder stummem h	**Feminin** vor Konsonant	vor Vokal oder stummem h
Sing.	**le** vin *der Wein*	**l'**apéritif *der Aperitif* **l'**hôtel *das Hotel*	**la** tomate *die Tomate*	**l'**avocate *die Anwältin* **l'**heure *die Stunde*
Plur.	**les** vins *die Weine*	**les**‿apéritifs *die Aperitifs* **les**‿hôtels *die Hotels*	**les** tomates *die Tomaten*	**les**‿avocates *die Anwältinnen* **les**‿heures *die Stunden*

Im Französischen gibt es kein Neutrum.

Substantive, die mit einem Vokal oder einem stummen h anfangen, werden gebunden ausgesprochen: les‿avocats, les‿hôtels.

Abweichend vom Deutschen steht *der bestimmte Artikel*:

- vor Familiennamen im Plural: **les** Cordier
- vor geografischen Bezeichnungen: **la** Suisse, **l'**Europe …
- vor Wochentagen, wenn etwas immer wieder am gleichen Tag geschieht:

Le mercredi, je fais du sport. *Mittwochs treibe ich Sport.*

- nach aimer *mögen/lieben*, adorer *verehren/vergöttern*, détester *verabscheuen*:

J'aime **la** musique, j'adore **les‿**animaux, je déteste **les‿**insectes. *Ich mag Musik, ich mag Tiere total gern, ich verabscheue Insekten.*

1.2 Zusammengezogener Artikel oder *Damit es schneller geht*

à + de mit den bestimmten Artikeln le und les

Wohin gehen wir spielen? Ins Stadion oder auf den Marktplatz?

Je vais **au** marché.	à + le (l') → au	*Ich gehe auf den Markt.*
Je vais **aux** Champs-Elysées.	à + les → aux	*Ich gehe auf die Champs-Elysées.*
La piscine est à côté **du** café.	de + le (l') → du	*Das Schwimmbad ist neben dem Café.*
Le café est en face **des** Galeries Lafayette.	de + les → des	*Das Café ist gegenüber der Galerie Lafayette.*

Mit den Präpositionen à und de und den Artikeln le und les findet eine sogenannte Verschmelzung statt.

1.3 Unbestimmter Artikel oder *Einer, eine, ein*

	Maskulin	Feminin
Singular	**un** café *ein Kaffee*	**une** bière *ein Bier*
Plural	**des** cafés *Kaffees*	**des** bières *Biere*

Im Französischen gibt es eine Pluralform des unbestimmten Artikels, sie heißt für Maskulinum und Femininum des. Im Deutschen gibt es dafür keinen Artikel.

Je voudrais **des** timbres. *Ich möchte Briefmarken.*
Tu as **des** enveloppes ? *Hast du Umschläge?*

1.4 Teilungsartikel oder *Was nicht zählbar ist*

Als Nachtisch biete ich Ihnen sowohl eine kulinarische als auch eine grammatische Spezialität an:

Pour faire la pâte à crêpes, il faut : **de la** farine, **du** sel, **de l'**eau. *Für den Crêpe-Teig nehme man: Mehl, Salz, Wasser*

Der Teilungsartikel steht bei Substantiven, die *nicht zählbare* Dinge bezeichnen. Im Deutschen steht dort kein Artikel.

1.5 Artikel bei Mengenangaben oder *Eine Tüte Gummibärchen …*

Nun möchten Sie einkaufen gehen und Ihre Einkaufsliste auf Französisch schreiben:
Ein Kilo Kartoffeln, eine Flasche Wasser. Das ist ganz einfach, aber Sie dürfen ein kleines Wörtchen nicht vergessen. Welches? Schauen Sie sich die folgende Tabelle an:

un kilo	**de**	pommes de terre	*ein Kilo Kartoffeln*
un paquet	**de**	cigarettes	*eine Schachtel Zigaretten*
une bouteille	**d'**	eau	*eine Flasche Wasser*
beaucoup	**de**	fruits	*viel Obst*
un peu	**de**	charcuterie	*ein bisschen Wurst*

Nach Mengenangaben wie un kilo de, un litre de, beaucoup de, trop de … steht meistens de/d' + *Substantiv* ohne Artikel.

Jetzt sind Sie an der Reihe. Nur durch Üben wird man Meister.

Übung 1
Setzen Sie den passenden Artikel ein:

Dans une boulangerie :

- Je voudrais .... baguette, s'il vous plaît.
- Et avec ça ?
- Un paquet .... farine.

Dans une charcuterie :

● Bonjour. Donnez-moi .... jambon, s'il vous plait.

■ Combien ?

● 5 tranches et aussi une tranche .... pâté et .... œufs.

■ Une douzaine .... œufs ?

● Non seulement six, je voudrais .... œufs de ferme.

Dans un restaurant :

● Vous prenez .... apéritif ?

■ Non, ... bière, s'il vous plaît.

● Et comme entrée, vous désirez ?

■ Non, pas d'entrée, merci, ... plat du jour.

2 Substantive
oder **Was ist das?**

Aber ... das ist nicht logisch!

2.1 Das Geschlecht von Substantiven
oder ***Maskulin und feminin***

Eine erfreuliche Nachricht vorweg: Im Französischen gibt es nur zwei Geschlechter. Es gibt kein Neutrum. Sie haben also eine fünfzigprozentige Erfolgsquote!

L! Lernen Sie am besten ein Wort immer gleich mit dem Artikel zusammen. Ein paar Tipps verrate ich Ihnen aber gerne ...

Man kann das Geschlecht oft an der Endung erkennen. *Meistens maskulin* sind Wörter mit folgenden Endungen:

Endung	Beispiel
-ail	le travail *die Arbeit*, le vitrail *das Glasfenster*
-al	le journal *die Zeitung*, le cheval *das Pferd*
-age	le fromage *der Käse*, le garage *die Garage*
-ège	le collège *die Gesamtschule*, le manège *das Karussell*
-isme	le racisme *der Rassismus*, l'optimisme *der Optimismus*
-on	le jeton *die Marke*, le glaçon *der Eiswürfel*

Meistens feminin sind Wörter mit folgenden Endungen:

Endung	Beispiel
-ade	la promenade *der Spaziergang*, la salade *der Salat*
-aison	la comparaison *der Vergleich*, la maison *das Haus*
-ée	la cuillerée *der Löffel voll*, la journée *der Tag*
-ette	la baguette *das Baguette*, la cigarette *die Zigarette*
-ion	la solution *die Lösung*, l'addition *die Rechnung*, la récréation *die Pause in der Schule*
-ique	la politique *die Politik*, l'informatique *die Informatik*
-té	la beauté *die Schönheit*, la santé *die Gesundheit*

Meistens maskulin sind Wörter mit folgender Bedeutung:

le Canada *Kanada*, le Nil *der Nil*	Länder- und Flussnamen, die auf *Konsonant* oder einem *anderen Vokal als* -e enden
le cerisier, *der Kirschbaum*, le pommier *der Apfelbaum*	Namen von Bäumen
le français *Französisch*, le chinois *Chinesisch*	Namen der Sprachen
le printemps *Frühling*	Jahreszeiten
le mois de juillet *Juli*	Monate
le mardi *Dienstag*	Wochentage

Meistens feminin sind Wörter mit folgender Bedeutung:

la France *Frankreich*, l'Allemagne *Deutschland*, la Seine	Länder- und Flussnamen, die auf -e enden
la banane *die Banane*, la cerise *die Kirsche*	Früchtenamen, die auf -e enden
la Renault, la BMW	Namen von Automarken
la physique *Physik*, la pharmacie *Pharmazie/Apotheke*	Namen der Wissenschaften

Übung 2
Setzen Sie den passenden Artikel le, la oder l' ein.

a) .... politique ne m'intéresse pas beaucoup.

b) J'aimerais bien passer des vacances sur .... canal du Midi.

c) Elle parle couramment .... portugais.

d) Madrid est la capitale de .... Espagne.

e) .... jeudi, nous faisons du sport.

f) Etienne n'aime pas .... salade.

Bestimmt ist Ihnen aufgefallen, dass französische Substantive – anders als im Deutschen – meist kleingeschrieben werden:

la cerise – *die Kirsche*, la pharmacie – *die Apotheke*

Ausnahmen bilden Eigennamen
l'**A**llemagne – *Deutschland*, **M**adame **S**auvat, la **R**enault

💡 Viele deutsche zusammengesetzte Wörter werden im Französischen mit einer Nominalgruppe mit de/d' wiedergegeben.
Sie brauchen die Wörter nur umzudrehen.

le **cours** de français	*der Französischkurs*
le **jeu** de mots	*das Wortspiel*

Mit dieser Methode lernen Sie im Handumdrehen viele neue Wörter. Versuchen Sie es.

Übung 3

Physiklehrer ....

Blumentopf ....

Kunstgegenstand ....

Steuererklärung ....

Passwort ....

2.2 Pluralbildung oder *Mehrere Sachen*

Wie wird die Pluralform gebildet? Ein paar Unregelmäßigkeiten gibt es schon, aber Sie werden sehen, die Pluralform im Französischen zu bilden ist kinderleicht.

Singular		Plural	
le chien	*der Hund*	**les** chien**s**	*die Hunde*
la tortue	*die Schildkröte*	**les** tortue**s**	*die Schildkröten*
l' éléphant	*der Elefant*	**les** éléphant**s**	*die Elefanten*

Der Plural wird in der Regel ganz einfach gebildet, nämlich durch Anhängen von -s an den Singular. Die Pluralbildung -s beim Substantiv wird *nicht ausgesprochen*.

l'enfant – les‿enfants *das Kind – die Kinder*

Singular		**Plural**	
le bra**s**	*der Arm*	les bra**s**	*die Arme*
le choi**x**	*die Auswahl*	les choi**x**	*die Auswahl*
le ne**z**	*die Nase*	les ne**z**	*die Nasen*

Substantive, die im Singular auf -s, -x oder -z enden, bleiben unverändert.

Sonderformen:

le journ**al**	*die Zeitung*	les journ**aux**	*die Zeitungen*
le trav**ail**	*die Arbeit*	les trav**aux**	*die Arbeiten*

Substantive auf -al oder -ail bilden in der Regel den Plural auf -aux.

Ausnahmen: le festival, le récital, le carnaval.
Diese Substantive bilden den Plural auf -s.

le bureau	*das Büro*	les bureaux	*die Büros*
-au →	-aux	-eau →	-eaux
-eu →	-eux	-ieu →	-ieux

Substantive auf -au, -eau, -eu und -ieu bilden in der Regel den Plural jeweils auf -aux, -eaux, -eux und -ieux.

Folgende Substantive auf -ou bilden den Plural auf -x: le bijou *Schmuck*, le caillou *Kieselstein*, le chou *Kohl*, le genou *Knie*, le hibou *Eule*, le joujou *Spielzeug*, le pou *Laus*.

le bijou → les bijou**x**
aber:
le trou → les trou**s** *(Loch)*

Eigennamen haben kein Pluralzeichen:

Les Cordie**r** nous invitent à dîner. *Die Cordiers laden uns zum Abendessen ein.*

Übung 4
Setzen Sie die Wörter in Klammern in den Plural:

a) J'ai rencontré des .... au cinéma. (ami)

b) Il adore les .... (cheval)

c) En Allemagne, les .... de Munich et de Cologne sont très différents. (carnaval)

d) J'ai mal aux .... (genou)

e) Où sont les .... ? (clé)

f) J'ai toujours eu les .... longs. (cheveu)

3 Präsens
oder *Jetzt und heute*

Ich surfe gerne im Internet, um die Sterne zu beobachten.

In diesem Kapitel fangen wir an, uns mit einem nicht unwesentlichen Thema zu beschäftigen: den Verben! Denn ohne Verben … keine richtige Diskussion. Das Präsens ist der wichtigste Baustein in der Konjugation, denn vom Präsens werden die meisten anderen Zeiten abgeleitet, das heißt: Es lohnt sich, das Präsens zu lernen!

ℹ Eine gute Nachricht vorweg: Neunzig Prozent der französischen Verben enden auf -er und sind regelmäßig.

aimer *lieben* — parler *sprechen* — voyager *reisen*
télécharger *herunterladen* — cliquer *klicken*
surfer *surfen* — travailler *arbeiten* — zapper *zappen*

Neue Technologien brauchen neue Verben. Es sind immer Verben auf -er!

Sie müssen sich vorstellen: Ein Verb ist wie ein Baum mit einem Stamm, die Blätter sind die Endungen. Die Verben werden in der Regel in 3 Gruppen eingeteilt:

	1. Verben auf *-er* parler *sprechen*	**2. Verben auf *-ir*** choisir *wählen*	**3. andere Verben (auf *-re, -ir, -oir …*)** entendre *hören*
je/j'	parl**e**	chois**is**	enten**ds**
tu	parl**es**	chois**is**	enten**ds**
il/elle/on	parl**e**	chois**it**	enten**d**
nous	parl**ons**	choisiss**ons**	entend**ons**
vous	parl**ez**	choisiss**ez**	entend**ez**
ils/elles	parl**ent**	choisiss**ent**	entend**ent**

Bildung des Präsens (regelmäßige Verben):

1. Nehmen Sie die Grundform, z. B. travailler,
2. Endung -er, -r, -re fällt weg,
3. fügen Sie die entsprechenden Endungen ein:

-e, -es, -e, -ons, -ez, -ent Gruppe 1
-s, -s -t, -ssons-, -ssez, -ssent Gruppe 2
-s, -s, -t (-d), -ons, -ez, -ent Gruppe 3

Vor Vokal oder stummem h wird je apostrophiert:

j'entends *ich höre* j'habite *ich wohne*

Die Verben auf -dre bilden die 3. Person auf -d: il enten**d**.

Aussprache: Im Allgemeinen werden nur bei nous und vous sowie beim Infinitiv die Endungen ausgesprochen. Die anderen Endungen sind stumm.

Endung hörbar:	parl**er** – nous choisiss**ons** – vous choisiss**ez**
Endung nicht hörbar:	je parl ~~e~~ – tu choisi ~~s~~ – elle li ~~t~~ – ils parl ~~ent~~

Die Verbendung -ent hört man nie.

ils parl ~~ent~~ – elles mang ~~ent~~

3.1 Verben auf -er oder *Ich stehe auf …*

Ein Musterbeispiel für Verben auf -er ist parler. Aber mehrere Verben weisen Besonderheiten auf. Sie sind zweistämmig.

	préférer *lieber haben*	**acheter** *kaufen*
je/j'	préf**è**re	ach**è**te
tu	préf**è**res	ach**è**tes
il/elle/on	préf**è**re	ach**è**te
nous	préférons	achetons
vous	préférez	achetez
ils/elles	préf**è**rent	ach**è**tent

Ebenso: répéter *wiederholen*, céder *abgeben*, se promener *spazieren gehen*, se lever *aufstehen*

	essayer *probieren*	**appeler** *rufen*
j'	ess**ai**e	appe**ll**e
tu	ess**ai**es	appe**ll**es
il/elle/on	ess**ai**e	appe**ll**e
nous	essayons	appelons
vous	essayez	appelez
ils/elles	ess**ai**ent	appe**ll**ent

Ebenso: payer *zahlen*, envoyer *senden*, appuyer *drücken*, épeler *buchstabieren*, jeter *(weg-)werfen*

Bei diesen Verben gilt (wie bei vielen unregelmäßigen Verben):

- 1. bis 3. Person Singular und 3. Person Plural: Der Stamm wird verändert.
- 1. und 2. Person Plural: Der Stamm ist regelmäßig.

commencer *beginnen*: nous commen**ç**ons – c wird zu ç vor a und o.
Ebenso: placer *stellen, legen*.
manger *essen*: nous mangeons – e wird vor a und o eingefügt.
Ebenso: voyager *reisen*.
Bei Verben auf -cer und -ger verändert sich nur die 1. Person Plural.

Der einzige totale Außenseiter der -er Verben ist aller:

aller *gehen*			
je	**vais**	nous	**allons**
tu	**vas**	vous	**allez**
il/elle/on	**va**	ils/elles	**vont**

Dazu eine kleine Übung:

Übung 5
Schreiben Sie die Verben im Präsens auf und ordnen Sie sie nach folgendem Muster so an, dass sich sinnvolle Kurzgeschichten ergeben:

manger au restaurant	Je/J'................................
rentrer	....
aller au bureau	....
travailler	....

Je vais au bureau, je travaille, je mange au restaurant, je rentre.

a)	cliquer	Tu ....
	surfer	....
	télécharger	....
	trouver un thème intéressant	....
b)	fumer	Il ....
	jeter la cigarette	....
	entrer dans un tabac	....
	acheter des blondes	....
c)	aller au bistrot	Elles ....
	rencontrer des amis	....
	voyager	....
	commander un apéritif	....

3.2 Verben auf -ir mit Stammerweiterung oder ***Wir beenden das Ganze …***

Die meisten Verben auf -ir werden wie choisir gebildet. Bei diesen Verben wird im Plural -iss zwischen Stamm und Endung eingeschoben.

Ein paar Beispiele:

finir *beenden*: nous fin**iss**ons, vous fin**iss**ez, ils fin**iss**ent
réunir *versammeln*: nous réun**iss**ons, vous réun**iss**ez, ils réun**iss**ent
grossir *zunehmen*: nous gross**iss**ons, vous gross**iss**ez, ils gross**iss**ent.

3.3 Alle anderen Verben oder ***Er geht weg …***

Die meisten Verben dieser Gruppe verbindet, dass sie auf irgendeine Art und Weise unregelmäßig sind.

Es sind Verben auf -ir: partir *weggehen*, sortir *ausgehen*, sentir *fühlen*, dormir *schlafen*, servir *(be-)dienen*
auf -re: attendre *warten*, répondre *antworten*, faire *machen*, prendre *nehmen*
auf -oir: voir *sehen*, recevoir *bekommen*
und alle sonstigen unregelmäßigen Verben.

▶ Die wichtigsten davon finden Sie in der Verbtabelle S. 166 ff.

	partir *weggehen*	**dormir** *schlafen*
je	pars	dors
tu	pars	dors
il/elle/on	part	dort
nous	part**ons**	dorm**ons**
vous	part**ez**	dorm**ez**
ils/elles	part**ent**	dorm**ent**

Bei dieser Kategorie auf -ir … verlieren die Verben den Konsonanten vor -ir im Singular:

partir → ~~t~~ → je pars
dormir → ~~m~~ → je dors

Jedoch tritt der Konsonant im Plural wieder auf:

partir → nous par**t**ons
dormir → nous dor**m**ons

Die Verben faire und prendre sind etwas kapriziös, aber sehr nützlich. Also – hier sind sie:

	faire *machen*	**prendre** *nehmen*
je	fai**s**	pren**ds**
tu	fai**s**	pren**ds**
il/elle/on	fai**t**	pren**d**
nous	fais**ons**	pren**ons**
vous	**faites**	pren**ez**
ils/elles	**font**	**prennent**

Mit dem Verb faire können Sie sehr viel machen:

Je **fais** du vélo. *Ich fahre Fahrrad.*
Nous **faisons** des excursions. *Wir machen Ausflüge.*
Vous **faites** la cuisine ? *Kochen Sie?*
Il **fait** beau. *Das Wetter ist schön.*

Auch prendre können Sie oft nehmen:

Qu'est-ce que tu **prends** ? *Was nimmst du, (trinkst/isst) du?*
Nous **prenons** l'avion pour Madrid. *Wir fliegen nach Madrid.*
Qu'est-ce qui te **prend** ? *Was ist denn mit dir los?*
Il **prend** cher. *Er verlangt hohe Preise.*

Auf die Verben être und avoir sollen Sie nicht länger verzichten. Ein bisschen unregelmäßig sind sie schon …, aber unentbehrlich.

	être *sein*	**avoir** *haben*
je/j'	**suis**	**ai**
tu	**es**	**as**
il/elle/on	**est**	**a**
nous	**sommes**	avons
vous	**êtes**	avez
ils/elles	**sont**	**ont**

Verwechseln Sie nicht:

ils sont *sie sind* und ils‿ont *sie haben.*

Mit dem Verb être können Sie im Französischen die Herkunft angeben:

Je suis allemand. *Ich bin Deutscher.*

Mit dem Verb avoir wird das Alter angegeben:

Quel âge **as**-tu ? *Wie alt **bist** du?*
J'**ai** 35 ans. *Ich **bin** 35 Jahre alt.*

Nun gönnen wir uns eine verdiente Ruhepause … *Sich ausruhen* heißt auf Französisch: se reposer.

3.4 Reflexivverben oder *Ich ruhe mich aus …*

		se reposer *sich ausruhen*	**se réjouir** *sich freuen*
je	**me**	repos**e**	réjoui**s**
tu	**te**	repos**es**	réjoui**s**
il/elle/on	**se**	repos**e**	réjoui**t**
nous	**nous**	repos**ons**	réjouiss**ons**
vous	**vous**	repos**ez**	réjouiss**ez**
ils/elles	**se**	repos**ent**	réjouiss**ent**

Nach dem Beispiel dieser Verben werden alle Reflexivverben konjugiert.

Manche Verben sind im Deutschen nicht reflexiv, wohl aber im Französischen – und umgekehrt:

se marier *heiraten*
divorcer *sich scheiden lassen*

Damit Sie den Überblick nicht verlieren, fassen wir das Wichtigste zusammen:

Zusammenfassung der Verben im Präsens:

auf -er			alle anderen
je dans**e**	**-e**	**-s**	je choisi**s**, par**s**, j'entend**s**
tu dans**es**	**-es**	**-s**	tu choisi**s**, par**s**, entend**s**
il, elle, on dans**e**	**-e**	**-t/-d**	il choisi**t**, elle par**t**, on enten**d**
nous dans**ons**	**-ons**		nous choisiss**ons**, part**ons**, entend**ons**
vous dans**ez**	**-ez**		vous choisiss**ez**, part**ez**, entend**ez**
ils/elles dans**ent**	**-ent**		ils/elles choisiss**ent**, part**ent**, entend**ent**

Beachten Sie:

vouloir *wollen*	je veu**x**, tu veu**x**,
pouvoir *können*	je peu**x**, tu peu**x**

Einige wenige Verben bekommen ein -x in der 1. und 2. Person Singular.

Die Endungen sind – bis auf wenige Ausnahmen – im Präsens einfach. Sie brauchen sich nur diese Tabelle zu merken. Hoffentlich raucht Ihnen der Kopf nicht zu sehr. Um den Rauch zu vertreiben … üben wir einfach.

Übung 6

Ergänzen Sie die Sätze mit den entsprechenden Präsensformen der in Klammern angegebenen Verben:

a) Il .... espagnol ? (parler)

b) Vous .... votre travail à quelle heure ? (finir)

c) J' .... mon ami devant la gare. (attendre)

d) Elle .... très bien la cuisine. (faire)

e) Nous .... par le train de nuit. (voyager)

f) Tu .... allemand ? (être)

g) Mireille et Janine .... sur la plage. (se reposer)

h) Je .... ce soir avec des amis. (sortir)

i) On .... dans une entreprise de télécommunications. (travailler)

j) Ils .... deux enfants, une fille et un garçon. (avoir)

4 Imperativ
oder ***Lernen Sie das!***

Mach die Tür zu! Iss deine Suppe! Beende deine Hausaufgaben!

In diesem Kapitel werden Sie ein wenig herumkommandiert. Doch wie wird der Imperativ gebildet? Er wird vom Präsens abgeleitet. Es geht ganz einfach. Schauen wir uns die Tabellen an!

Man unterscheidet zwischen den Verben auf -er und den anderen.

4.1 Verben auf -er
oder ***Steh auf!***

	Präsens		Imperativ	
fermer	~~tu~~ fermes	→	Ferme !	*Mach zu!*
zumachen	~~nous~~ fermons	→	Fermons !	*Machen wir zu!*
	~~vous~~ fermez	→	Fermez !	*Macht zu!*
				Machen Sie zu!

Der Imperativ der Verben auf -er hat in der 2. Person Singular die nicht hörbare Endung -e. Vorsicht: das s fällt weg!

Im Gegensatz zum Deutschen wird im Französischen beim Imperativ die angesprochene Person nie durch ein Subjektpronomen bezeichnet.

Denken Sie daran, dass die 2. Person Plural vous anders als im Deutschen auch die Höflichkeitsform ausdrückt.

4.2 Andere Verben oder *Gehen wir!*

	Präsens		Imperativ	
choisir	~~tu~~ choisis	→	Choisis !	*Such aus!*
aussuchen	~~nous~~ choisissons	→	Choisissons !	*Suchen wir aus!*
	~~vous~~ choisissez	→	Choisissez !	*Sucht aus!*
				Suchen Sie aus!

Der Imperativ aller anderen Verben endet auf die nicht hörbare Endung -s.

4.3 Reflexivverben oder *Ruht euch aus!*

	Präsens	Imperativ	
s'habiller	~~tu~~ t'habilles	Habille-toi !	*Zieh dich an!*
sich anziehen	~~nous~~ nous habillons	Habillons-nous !	*Ziehen wir uns an!*
	~~vous~~ vous habillez	Habillez-vous !	*Zieht euch an!*
			Ziehen Sie sich an!

Beim bejahten Imperativ stehen die Reflexivpronomen nach dem Verb; te wird durch toi ersetzt.

Die Reflexivpronomen werden mit einem *Bindestrich* angeschlossen.

Nur 4 Verben sind unregelmäßig:

être *sein*	→	Sois sympa ! Soyons ponctuels ! Soyez naturels !	*Sei nett!* *Seien wir pünktlich!* *Seid natürlich!*
avoir *haben*	→	Aie confiance ! Ayons confiance ! Ayez de la patience !	*Habe Vertrauen!* *Haben wir Vertrauen!* *Haben Sie Geduld!*
savoir *wissen*	→	Sache être discret ! Sachons garder notre calme ! Sachez que je vous estime !	*Sei diskret! (wörtlich: Wisse es, diskret zu sein!)* *Lassen wir uns Ruhe bewahren!* *Sie sollen wissen, dass ich Sie schätze.*
vouloir *wollen*	→	Veuillez prendre place !	*Wollen Sie bitte Platz nehmen!*

Bei vouloir *wollen* wird nur noch die 2. Person Plural verwendet. Man kann damit eine formelle Aufforderung ausdrücken:

Veuillez signer ici ! *Bitte unterschreiben Sie hier!*

Verneinter Imperativ

fermer	**choisir**	**s´habiller**
Ne ferme **pas !**	**Ne** choisis **pas !**	**Ne** t'habille **pas !**
Ne fermons **pas !**	**Ne** choisissons **pas !**	**Ne** nous habillons **pas !**
Ne fermez **pas !**	**Ne** choisissez **pas !**	**Ne** vous habillez **pas !**

Beim verneinten Imperativ wird wie bei den anderen Zeiten das konjugierte Verb von *zwei Verneinungsteilen* (ne … pas) umschlossen (▶ 6).
In der Praxis werden vor allem die 2. Person Singular und die 2. Person Plural gebraucht, und die wollen wir jetzt ein bisschen üben.

Übung 7

Verwandeln Sie die tu-Form in die vous-Form – nach folgendem Muster:

Va tout droit ! → Allez tout droit !

a) Regarde la photo ! → Regardons la photo !

b) Finis ton dessert ! → Finissons votre dessert !

c) Sois prudent ! → Soissons prudent(s) !

d) Garde ton calme ! → Gardons votre calme !

Und jetzt machen wir die umgekehrte Übung, damit es nicht zu einseitig wird.

Übung 8

Verwandeln Sie die vous-Form in die tu-Form:

a) Ne faites pas de bruit !

→ Ne faite pas de bruit !

b) Sachez que je suis votre ami !

→ .... que je suis ton ami !

c) Demandez-lui ! → ....-lui !

d) Ne vous habillez pas ! → Ne t' .... pas !

5 Fragesätze oder *Wie bitte?*

Wie spät ist es, bitte?

Wenn man keine Fragen stellen kann, kommt man nicht sehr weit … Deshalb widmen wir uns gleich diesem Kapitel, damit Sie endlich erfahren, was Sie schon immer über Frankreich und die Franzosen wissen wollten …

5.1 Entscheidungsfrage oder *Drei Möglichkeiten*

Im Französischen haben Sie mehrere Möglichkeiten, eine Frage zu stellen. Die verschiedenen Fragetypen gehören verschiedenen Sprachebenen an.

Welche Frageformulierung scheint Ihnen am formellsten: a, b oder c?

a. **Avez-vous** l'heure ?
b. **Vous avez** l'heure ?
c. **Est-ce que vous** avez l'heure ?

Wie spät ist es?

A Intonationsfrage	B „Est-ce-que-Frage“	C Inversionsfrage
Vous partez en vacances ? *Fahren Sie in Urlaub?*	**Est-ce que vous partez en vacances ?** *Fahren Sie in Urlaub?*	**Partez-vous** en vacances ? *Fahren Sie in Urlaub?*

Die *Intonationsfrage* benutzt man eher in der gesprochenen Sprache, die Est-ce-que-Frage kann man sowohl in der gesprochenen als auch in der geschriebenen Sprache verwenden. Die *Inversionsfrage* gehört dem gehobenen Stil oder der Schriftsprache an.

Die *Entscheidungsfrage* enthält kein Fragewort. Man kann sie nur mit oui oder non beantworten. Sie bezieht sich auf den ganzen Satz.

5.2 Teilfrage oder ***Warum?***

Qu'est-ce-que ? *Was?* Pourquoi ? *Warum?*
Qui ? *Wer?* Où ? *Wo?* Quel ? *Welcher?*
Combien ? *Wie viel?* Quand ? *Wann?*

Wie bei der Entscheidungsfrage gibt es hier drei Typen von Fragen (A, B, C). Versuchen Sie die Fragen A, B oder C zuzuordnen.

1. Qui est-ce ? *Wer ist es?*
2. Quel âge a-t-il ? *Wie alt ist er?*
3. Il habite où ? *Wo wohnt er?*
4. Quand est-ce qu'Il est arrivé ? *Wann ist er angekommen?*

A 3, B 4, C 1, 2

A Intonationsfrage	B „Est-ce-que-Frage“	C Inversionsfrage
Vous attendez qui ?	Qui est-ce que vous attendez ? *Auf wen warten Sie?*	Qui attendez-vous ?
Vous prenez quoi ? (**quoi** ist sehr umgangssprachlich!)	Qu'est-ce que vous prenez ? *Was nehmen Sie?*	Que prenez-vous ?
Vous allez où ?	Où est-ce que vous allez ? *Wo gehen Sie hin?*	Où allez-vous ?
Vous êtes venu comment ?	Comment est-ce que vous êtes venu ? *Wie sind Sie gekommen?*	Comment êtes-vous venu ?

Die *Teilfrage* enthält ein Fragewort (qui, comment, où …), sie bezieht sich auf einen Teil des Satzes.

Die *Intonationsfrage* wird durch die Satzmelodie erkennbar. Wenn ein Fragewort vorkommt, wird dieses meistens nachgestellt. Bei der Est-ce- que-Frage stellt man einfach est-ce que oder Fragewort + est-ce que an den Anfang des Satzes.

Bei der *Inversionsfrage* wird das Subjekt, z. B. das Personalpronomen, hinter das Verb gestellt und mit einem Bindestrich verbunden.

⚡ Beachten Sie: Bei Verben, die nicht auf t oder d enden, wird bei der Inversionsfrage vor il, elle und on ein t eingeschoben: Quel âge a-t-il ? *Wie alt ist er?* – Comment va-t-elle ? *Wie geht es ihr?*

Übung 9
Ein neugieriger Nachbar fragt Sie über Ihren Besuch aus. Wie würde man diese Fragen in der gesprochenen Sprache formulieren? (Sie haben 2 Möglichkeiten.)

a) Cherchez-vous quelqu'un ?
b) Comment est-il ?
c) Porte-t-il une barbe ?
d) Quel âge a-t-il ?
e) Pourquoi le cherchez-vous ?

Übung 10
Ergänzen Sie den kurzen Dialog in der Betriebskantine mit den richtigen Fragen:

Chuchotements – **Geflüster**

....

C'est notre nouveau collègue.

....

Etienne Souchon.

....

Il est sympa, agréable.

....

Je ne sais pas, 35 – 38 ans, je pense.

....

Oui, malheureusement, au moins un paquet par jour.

6 Verneinung
oder **Nein, jetzt nicht *aufgeben*!**

Aber nein, ich bin kein Dieb! Ich habe den Schmuck nicht!

„Nein" sagen, seine eigene Meinung äußern zu können, ist in jeder Sprache wichtig, sonst besteht die Gefahr, dass man sich unerwünschten Situationen aussetzt. Wie macht man das im Französischen?

Il **ne** vient **pas** aujourd'hui. *Er kommt heute nicht.*
Je **n'**habite **plus** ici. *Ich wohne nicht mehr hier.*
Je **ne** le connais **pas**. *Ich kenne ihn nicht.*
Nous **n'**avons **rien** à manger. *Wir haben nichts zu essen.*
On **n'**a **jamais** vu ça. *Man hat so was noch nie gesehen.*

Die Verneinung im Französischen besteht im Allgemeinen aus zwei Teilen:

ne … pas	*nicht*	
ne … plus	*nicht mehr*	
ne … jamais	*nie*	
ne … rien	*nichts*	etc.,

die das konjugierte Verb (und eventuelle Pronomen) umschließen.

ne ... personne *niemand*
Je **ne** vois **personne.** *Ich sehe niemanden.*
Vous **n'**avez vu **personne** ? *Haben Sie niemanden gesehen?*

ne ... personne tanzt aus der Reihe. Im Gegensatz zu den anderen Verneinungsformen steht es *nach* dem *Vollverb*.

⚡ Vor Vokalen und stummem h wird ne zu n'.

6.1 Artikel in verneinten Sätzen oder ***Ich habe keine Ahnung ...***

Tu as **le** journal ? *Hast du die Zeitung?*
Non, je **n'**ai **pas** le journal. *Nein, ich habe die Zeitung nicht.*
Der bestimmte Artikel bleibt erhalten.
Tu as **un** chat ? *Hast du eine Katze?*
Non, je **n'**ai **pas de** chat. *Nein, ich habe keine Katze.*
Tu as **des** enfants ? *Hast du Kinder?*
Non, je **n'**ai **pas d'**enfants. *Nein, ich habe keine Kinder.*
Der unbestimmte Artikel wird zu de/d'.
Tu as encore **du** café ? *Hast du noch Kaffee?*
Non, je **n'**ai **plus de** café. *Nein, ich habe keinen Kaffee mehr.*
Der Teilungsartikel wird zu de/d'.

Bei den unbestimmten Artikeln un, une, des sowie bei dem Teilungsartikel du, de la lautet die Verneinung ne … pas de + Substantiv. Ne … pas de heißt *kein*.

In der gesprochenen Sprache entfällt oft der erste Teil der Verneinung, das ne:

je ne sais pas	→	je sais **pas** *ich weiß nicht*
je ne comprends pas	→	je comprends **pas** *ich verstehe nicht*

Denken Sie daran: pas steht, *nicht* wie im Deutschen, nach dem konjugierten Verb. Das ne ist vor allem für die Schriftsprache wichtig.

6.2 Verneinung ohne Verb oder ***Nein, überhaupt nicht!***

Vous faites du sport ? *Treiben Sie Sport?*
Non, **pas du tout**. *Nein, überhaupt nicht.*
Tu vas toujours courir ? *Läufst du immer noch?*
Non, **plus maintenant**. *Nein, jetzt nicht mehr.*

Die berühmt-berüchtigte zweiteilige Verneinung gilt aber nicht für Sätze ohne Verb. Dann entfällt das ne:

Eine Meinung teilen oder gegensätzlicher Meinung sein

- bei einer positiven Äußerung:

J'aime le rouge *Ich mag rot*	**moi aussi** *ich auch*	+ +
J'aime le noir *Ich mag schwarz*	**moi pas** *ich nicht*	+ –

• bei einer negativen Äußerung:

Je n'aime pas le soleil	**moi si**	– +
Ich mag die Sonne nicht	*ich ja*	
Je n'aime pas la pluie	**moi non plus**	– –
Ich mag den Regen nicht	*ich auch nicht*	

Falls es Ihnen manchmal schwerfällt, „Nein" zu sagen, haben Sie hier die Gelegenheit, mit Leib und Seele zu üben.

Übung 11
Beantworten Sie die Fragen verneinend:

Vous êtes français ? → Non, *je ne suis pas français.*

Vous êtes de Paris ? Non, ...

Vous avez des amis ici ? Non, ...

Vous avez vu le centre Pompidou ? Non, ...

Vous êtes allée au musée d'Orsay ? Non, ...

J'aime beaucoup les Impressionnistes. Et vous ? Non, ...

Vous avez fait du shopping aux Galeries Lafayette ? Non, ...

Vous connaissez la brasserie « Aux deux magots » ? Non, ...

Vous avez quelque chose de prévu ce soir ? Non, ...

7 Vergangenheit
oder **Es *war* einmal ...**

Wir haben einen tollen Abend verbracht. Wir waren im Kino und danach haben wir bei Paul gegessen.

Wenn Ihnen das Präsens noch gegenwärtig ist, sind Sie für die Vergangenheit bestens gerüstet, denn Sie werden sehen: Das Präsens ist der Schlüssel zum Verbenparadies.

7.1 Perfekt
oder ***Was ist wann passiert?***

	Perfekt mit avoir **manger** *essen*		**Perfekt mit être** **aller** *gehen*	
j'/je	ai	mang**é**	suis	all**é(e)**
tu	as	mang**é**	es	all**é(e)**
il	a	mang**é**	est	all**é**
elle	a	mang**é**	est	all**ée**
on	a	mang**é**	est	all**é(e)s**

	Perfekt mit avoir **manger** *essen*		**Perfekt mit être** **aller** *gehen*	
nous	avons	mangé	sommes	allé(e)s
vous	avez	mangé	êtes	allé(e)(s)
ils	ont	mangé	sont	allés
elles	ont	mangé	sont	allées

Zum Gebrauch von on ▸ S. 77

Das Perfekt oder Passé composé ist eine Zeit der Vergangenheit, die mit dem Hilfsverb avoir oder être im Präsens und dem *Partizip Perfekt* des Verbs gebildet wird.

7.1.1 Bildung des Partizip Perfekt

Regelmäßige Formen

Die meisten Verben auf **-er**, **-ir**, und **-re**, **-oir** bilden das Partizip jeweils mit **-é**, **-i** und **-u**:

march**er** *laufen*	**-é**	J'ai march**é** jusqu'au sommet. *Ich bin bis zum Gipfel gelaufen.*
sort**ir** *ausgehen*	**-i**	Je suis sort**i**(e) à 9 h du soir. *Ich bin um 9 Uhr abends ausgegangen.*
attend**re** *warten*	**-u**	J'ai attend**u** pendant 30 mn. *Ich habe 30 Minuten gewartet.*
v**oir** *sehen*	**-u**	J'ai v**u** un très bon film. *Ich habe einen sehr guten Film gesehen.*

Hier die wichtigsten unregelmäßigen Partizipien, die wir Ihnen nicht länger vorenthalten wollen. ▶ Verbtabelle S. 166 ff.

Unregelmäßige Formen		
avoir	*haben*	**eu**
être	*sein*	**été**
faire	*machen*	**fait**
prendre	*nehmen*	**pris**
mettre	*legen*	**mis**
dire	*sagen*	**dit**
écrire	*schreiben*	**écrit**
ouvrir	*öffnen*	**ouvert**
naître	*geboren werden*	**né**
mourir	*sterben*	**mort**

Im Unterschied zum Deutschen bildet das Verb être das Passé composé mit avoir:

Tu **as été** au cinéma ? *Bist du im Kino gewesen?*

Nachdem Sie sich diese Partizipien eingeprägt haben, wollen wir sehen, welche Partizipien das Passé composé mit être bilden. Schauen Sie sich dazu das folgende Schaubild an.

7.1.2 Partizipien mit être

Die Verben in dem Schaubild sowie alle *Reflexivverben* bilden das Passé composé mit être nach diesem Modell:

se promener *spazieren gehen*		
je	**me suis**	promen**é(e)**
tu	**t'es**	promen**é(e)**
il	**s'est**	promen**é**
elle	**s'est**	promen**ée**
on	**s'est**	promen**é(e)s**
nous	**nous sommes**	promen**é(e)s**
vous	**vous êtes**	promen**é(e)(s)**
ils	**se sont**	promen**és**
elle	**se sont**	promen**ées**

se promener ist im Französischen reflexiv, ebenfalls se lever *aufstehen*.

Und nun eine Besonderheit: die Veränderlichkeit des Partizip Perfekt. Partizipien, die mit être gebildet werden, sind *nicht regelmäßig*.
Mit avoir dagegen ist das Partizip in der Regel unveränderlich. (Allerdings gibt es hier eine Ausnahme: La robe, que j'ai portée hier soir, est sale. *Das Kleid, das ich gestern getragen habe, ist schmutzig.* Wenn ein direktes Objekt dem Verb vorangeht, richtet sich das Partizip nach diesem Objekt)

Il a **mangé** une glace.	*Er hat ein Eis gegessen.*
Elle a **mangé** une glace.	*Sie hat ein Eis gegessen.*
Nous avons **mangé** une glace.	*Wir haben ein Eis gegessen.*
Pierre est arriv**é**.	*Pierre ist angekommen.*
aber	
Sophie est arriv**ée**.	*Sophie ist angekommen.*
Il est mont**é** en voiture.	*Er ist ins Auto gestiegen.*
Elle est mont**ée** en voiture.	*Sie ist ins Auto gestiegen.*

Pierre et Sophie :
Nous sommes descend**us.** *Wir sind hinuntergelaufen.*
On est all**és.** *Wir sind gegangen.*
Sophie et Catherine :
Nous sommes descend**ues.** *Wir sind hinuntergelaufen.*
On est all**ées.** *Wir sind gegangen.*

Mit être richten sich die Partizipien *in Zahl und Geschlecht* nach dem *Subjekt*, auf das sie sich beziehen.

Nun eine kleine Übung.

Übung 12
Bilden Sie das Perfekt der am Anfang stehenden Verben. Denken Sie daran, mit welchem Hilfsverb (être oder avoir) das Verb gebildet wird:

danser — Vous .... jusqu'à quelle heure hier soir ?
→ *Vous avez dansé jusqu'à quelle heure hier soir ?*

arriver — Elle .... la nuit dernière.
→ *Elle est arrivée la nuit dernière.*

a) quitter — Tu .... le bureau à quelle heure ?

b) attendre — On .... pendant une demi-heure.

c) finir — J' .... mon livre.

d) aller — Elle .... promener le chien.

e)	être	Nous .... malades le weekend dernier.
f)	monter	Elles .... à la « Tour Eiffel ».
g)	se lever	Pierre .... en retard ce matin.
h)	faire	J' .... une crème au citron en dessert.

7.1.3 Verneinung

pas envie *keine Lust*	
Il **n'** a **pas** fait la vaisselle.	*Er hat das Geschirr nicht gespült.*
Elle **n'** est **pas** allée au bureau aujourd'hui.	*Heute ist sie nicht ins Büro gegangen.*
Nous **n'** avons **plus** pensé à téléphoner.	*Wir haben nicht mehr daran gedacht, anzurufen.*

Die zwei Elemente ne … pas (oder ne … plus, ne … rien etc.) umklammern das Hilfsverb.

7.2 Imperfekt oder *Frühere Gewohnheiten*

Seien Sie unbesorgt, das Imperfekt zu bilden, ist wirklich ein Kinderspiel. Überzeugen Sie sich am Beispiel von aimer davon:

aimer *lieben*			
j'	aim**ais**	nous	aim**ions**
tu	aim**ais**	vous	aim**iez**
il/elle/on	aim**ait**	ils/elles	aim**aient**

Bildung des Imparfait:

1. Nehmen Sie die 1. Person Plural im Präsens,
2. Endung -ons fällt weg,
3. fügen Sie die entsprechenden Endungen (ais, ais, ait …) an.

Präsens		Imperfekt
nous aim**ons**	→	j'aim**ais**
nous fais**ons**	→	je fais**ais**
nous connaiss**ons**	→	je connaiss**ais**
nous pren**ons**	→	je pren**ais** usw.

Als einzige Ausnahme bildet être das Imparfait nicht nach dieser Regel:

être *sein*			
j'	**étais**	nous	**étions**
tu	**étais**	vous	**étiez**
il/elle/on	**était**	ils/elles	**étaient**

Mit dem Imparfait können Sie auf Französisch eine etwas betontere Aufforderung formulieren:

Et **si on allait** au restaurant ce soir ? *Lass uns heute Abend ins Restaurant gehen!*
Si on faisait le tour du lac ? *Lass uns um den See herumgehen!*

Doch wann verwendet man das Imperfekt und wann das Perfekt?

Il hachait l'oignon quand la cocotte-minute a explosé.

Er hackte gerade Zwiebeln, als der Schnellkochtopf explodierte.

Imperfekt	**Perfekt**
Hintergrund- und Situationsschilderung	Handlungskette
Frage: *Was war schon?*	*Was geschah? Und dann?*

Il faisait chaud. **Je suis sortie prendre un verre.** Les terrasses des cafés étaient bondées. **Je me suis installée à une table libre et j'ai pris une cigarette dans mon sac.** Je n'avais pas de feu. Un homme, à ma droite fumait et lisait un journal. Il avait l'air sympathique. **Je lui ai demandé du feu. Il a allumé ma cigarette, m'a souri et … a repris sa lecture.**

Es war warm. Ich bin etwas trinken gegangen. Die Terrassen waren gerammelt voll. Ich habe mich draußen an einen freien Tisch gesetzt und habe eine Zigarette aus meiner Tasche genommen. Ich hatte kein Feuer. Rechts neben mir rauchte ein Mann und las eine Zeitung. Er sah sympathisch aus. Ich habe ihn um Feuer gebeten. Er hat mir Feuer gegeben, hat mir zugelächelt … und hat weitergelesen.

Der *Vordergrund der Handlung* wird durch das Passé composé wiedergegeben: Es sind einmalige Ereignisse, die abgeschlossen und zeitlich begrenzt sind. Sie bilden die *Handlungskette* der Geschichte.

Signalwörter sind d'abord *zuerst*, puis/ensuite *dann*, après *danach*, un jour *eines Tages*, une année *ein Jahr*, tout à coup *plötzlich* …

Der *Hintergrund der Handlung* wird durch das Imparfait wiedergegeben. Es sind *Begleitumstände*, die nicht abgeschlossen und ohne zeitliche Begrenzung sind:

- Beschreibungen von Personen oder Situationen,
- Erklärungen oder Kommentare zu den Ereignissen,
- Beschreibungen von Situationen, die sich in der Vergangenheit wiederholt haben.

Signalwörter sind avant *früher*, autrefois *damals*, toujours *immer*, d'habitude *gewöhnlich* …

Quand **j'étais** jeune, je passais mes vacances en Bretagne. *Als ich jung war, verbrachte ich den Urlaub in der Bretagne.*
Une année, je suis **allée** avec ma famille dans les Alpes. *Einmal bin ich mit meiner Familie in die Alpen gefahren.*

Merken Sie sich: Im-perfekt bedeutet *nicht* abgeschlossen.

7.3 Plusquamperfekt
oder ***Was war vorher geschehen?***

	prendre *nehmen*		**sortir** *ausgehen*	
j'	avais	pris	étais	sorti**(e)**
tu	avais	pris	étais	sorti**(e)**
il/elle/on	avait	pris	était	sorti**(e)(s)**
nous	avions	pris	étions	sorti**(e)s**
vous	aviez	pris	étiez	sorti**(e)(s)**
ils/elles	avaient	pris	étaient	sorti**(e)s**

Bildung des Plus-que-parfait:
1. Nehmen Sie das Verb avoir oder être,
2. Setzen Sie avoir oder être ins *Imperfekt*,
3. fügen Sie das entsprechende *Partizip* hinzu.

Für die Wahl von avoir oder être und die Veränderlichkeit des Partizips gelten die gleichen Regeln wie beim Passé composé.

Das Plus-que-parfait wird im Allgemeinen wie das deutsche Plusquamperfekt verwendet.

Quand ils **avaient terminé de faire** la cuisine, ils **prenaient** l'apéritif.	plus-que-parfait imparfait	*Als sie fertig gekocht hatten, nahmen sie einen Aperitif.*

Das Plus-que-parfait ist die Vorzeitigkeit des Imparfait: Beide Vorgänge liegen in der Vergangenheit, doch der Vorgang im Plusquamperfekt liegt länger zurück als der Vorgang im Imperfekt. Dazu eine Übung:

Übung 13
Setzen Sie die Perfekt- oder die Imperfektformen ein.

« Une journée d'Etienne à la Villette »

Un jour, je (aller) .... à la Cité des sciences et de l'industrie de la Villette avec mes parents. J' (être) .... très excité. D'abord, on (acheter) .... les billets d'entrée. Les gens (faire) la queue. Puis, on (commencer) .... la visite. J' (courir) .... tout de suite vers l'espace « roches et volcans ». C' (être) .... fascinant. Dans l'espace informatique, on (pouvoir) .... manipuler beaucoup d'appareils. C' (être) .... très amusant. Tout à coup le signal d'alarme (sonner) .... Un gardien (venir) .... Il (avoir) .... l'air énervé. Alors, on (sortir) .... et on (pique-niquer) .... dans le parc.

8 Adjektive
oder **Wie ist das?**

Ich hätte gerne einen Entenbraten, einen guten Käse, eine Flasche Rotwein und ein bequemes Bett!

Was wäre ein Satz ohne Adjektive? Ein Gericht ohne Salz. Hier lernen Sie Ihr Französisch zu würzen, indem Sie Personen und Gegenständen einen Charakter geben. Eine Frau ist nicht nur eine Frau, sondern vielleicht *schön* belle, *alt* vieille, *außerordentlich* extraordinaire oder *uninteressant* inintéressante.

8.1 Veränderlichkeit der Adjektive oder *Männliche und weibliche Eigenschaften*

	Maskulin	Feminin
Singular	il est grand *er ist groß* le port est joli *der Hafen ist hübsch*	elle est grand**e** *sie ist groß* la ville est joli**e** *die Stadt ist hübsch*
Plural	ils sont grand**s** *sie sind groß* les ports sont joli**s** *die Häfen sind hübsch*	elles sont grand**es** *sie sind groß* les villes sont joli**es** *die Städte sind hübsch*

Anders als im Deutschen stimmt das Adjektiv mit dem Substantiv in Geschlecht und Zahl überein. In der Regel erhält die weibliche Form ein -e, die Pluralform ein -s. Daher findet man meistens vier Formen des Adjektivs.

⚡ In der Aussprache wird der letzte Konsonant der männlichen Form meistens nicht ausgesprochen (petit: -t ist nicht hörbar), die weibliche Endung bewirkt, dass der letzte Konsonant hörbar wird (petite: -t ist hörbar).

	Maskulin	Feminin
Singular	un homme tranquille *ein ruhiger Mann*	une femme tranquille *eine ruhige Frau*
Plural	des voisins tranquille**s** *ruhige Nachbarn*	des voisines tranquille**s** *ruhige Nachbarinnen*

Adjektive, die in der männlichen Form bereits auf -e enden, haben keine weibliche Form.

Damit es nicht zu langweilig wird, gibt es natürlich ein paar Besonderheiten:
Adjektive, die auf -er enden, bilden die *weibliche Form* mit -ère:

	régulier	régulière	*regelmässig*
	premier	première	*erste(r)*
-s wird zu -sse	gros	grosse	*dick*
-c wird zu -che	sec	sèche	*trocken*

Adjektive, die auf -al enden, bilden die *Pluralform* mit -aux:

	amical	amicaux	*freundschaftlich*
	original	originaux	*originell*

Und als Krönung drei Adjektive, die ziemlich unregelmäßig sind, aber in der Unregelmäßigkeit zusammenhalten.

Maskulin	**Mask. vor Vokal oder stummem h**	**Feminin**
un **beau** livre *ein schönes Buch*	un **bel** homme *ein schöner Mann*	une **belle** femme *eine schöne Frau*
un **vieux** monsieur *ein alter Herr*	un **vieil** arbre *ein alter Baum*	une **vieille** dame *eine alte Dame*
un **nouveau** voisin *ein neuer Nachbar*	un **nouvel** ami *ein neuer Freund*	une **nouvelle** idée *eine neue Idee*

Und ein letzter Hinweis: Der Plural von beau und nouveau lautet beaux und nouveaux. Natürlich erhält vieux kein weiteres -x.

8.2 Stellung der Adjektive
oder ***Oder wo kommt es hin?***

un **nouvel** ami	*ein neuer Freund*
un **vieil** homme	*ein alter Mann*
aber:	
un monsieur **sympatique**	*ein sympathischer Herr*
une femme **active**	*eine aktive Frau*
le ciel **bleu**	*der blaue Himmel*

Was nun? Steht das Adjektiv vor oder nach dem Substantiv?
Die Adjektive stehen gewöhnlich hinter dem Substantiv.

le bateau **bleu**	das blaue Schiff
le cinéma **américain**	das amerikanische Kino

Im Gegensatz zum Deutschen stehen auch Farben und Nationalitäten hinter dem Substantiv.

un **petit** homme	*ein kleiner Mann*
un **bon** repas	*ein gutes Essen*
le **premier** jour	*der erste Tag*
« le **cinquième** élément »	*„das fünfte Element“*

Einige kurze und gebräuchliche Adjektive wie petit *klein*, grand *groß*, gros *dick*, beau *schön*, joli *hübsch*, jeune *jung*, vieux *alt*, bon *gut*, mauvais *schlecht* sowie *Ordnungszahlen* stehen vor dem Substantiv.

Keine Regel ohne Ausnahme. Die Stellung der Adjektive kann eine Sinnänderung hervorrufen:

une **fille propre**	*ein sauberes Mädchen*
aber:	
sa **propre fille**	*seine eigene Tochter*
un **meuble ancien**	*ein Antikmöbel*
aber:	
un **ancien collègue**	*ein ehemaliger Kollege*

Jetzt ist es höchste Zeit für eine kleine Übung, diesmal im Zirkusmilieu.

Übung 14
Ergänzen Sie die Sätze mit den passenden Adjektiven. Achten Sie auf die Endungen:

La (beau) .... Hélène est amoureuse du trompettiste (espagnol) ....

Le (petit) .... acrobate est absolument (fantastique) ....

La trapéziste a des yeux (bleu) ...., des cheveux (brun) .... et la peau très (blanc) ....

Les costumes des jongleurs sont particulièrement (original) .... et (drôle) ....

9 Adverbien
oder **Wie wird das gemacht?**

Welch tolle Musik! Meine Tochter spielt toll Klavier!

Wir haben schon das Salz (Adjektive) an unserem Gericht. Aber es ist immer noch ein bisschen fade. Wir möchten es jetzt mit Pfeffer schmackhafter machen. Dafür brauchen wir – Adverbien.

Was aber ist ein Ad-Verb (= beim Verb)? Es ist ein Wort, das man oft beim Verb findet (1), aber auch bei einem Adjektiv (2), einem anderen Adverb (3) und schließlich als Satzergänzung (4), um dem Ganzen Farbe zu verleihen.

(1) Il conduit **vite** mais **bien**. *Er fährt schnell, aber gut.*
(2) Je suis **absolument** désolée! *Es tut mir schrecklich leid!*
(3) C'est **très bien**. *Es ist sehr gut.*
(4) **Généralement**, je me lève **tôt**. *Ich stehe grundsätzlich früh auf.*

Die Adverbien sind im Gegensatz zu den Adjektiven unveränderlich. Man unterscheidet zwei Arten:

9.1 Abgeleitete Adverbien oder *Am Anfang war das Adjektiv*

Adjektiv **mask.**	**fem.**	**Adverb**	
lent	lent**e**	lente**ment**	*langsam*
clair	clair**e**	claire**ment**	*klar*
facile	facil**e**	facile**ment**	*leicht*

Adverbien werden durch Anhängen von -ment an die feminine Form des Adjektivs gebildet.

Diese schöne, einfache Regel enthält natürlich einige Ausnahmen, die auf die geschichtliche Entwicklung der Sprache zurückzuführen sind.

Sonderformen:

vrai	vraie	vrai**ment**	*wahr/wirklich*

Endet die feminine Form des Adjektivs auf einem Vokal, entfällt meistens das -e.

intense	intense	intens**ément**	*intensiv*
énorme	énorme	énorm**ément**	*enorm/riesig*
profond	profonde	profond**ément**	*tief*

Einige Adverbien enden auf -ément.

élégant	élégante	élég**amment**	*elegant*
récent	récente	réc**emment**	*neuere(r,-s)/ neulich*

Die meisten Adjektive auf -ant, -ent bilden das Adverb auf -amment, -emment.

gentil	gentille	genti**ment**	*nett*

Problematisch sind Adverbien für Deutsche nur, weil *Adjektiv* (1) und *Adverb* (2) im Deutschen, im Gegensatz zum Französischen, meist gleich sind.

(1) C'est une voiture **rapide.** *Es ist ein schnelles Auto.*
(2) Il conduit **rapidement.** *Er fährt schnell.*

bien – mal

Adjektiv	**Adverb**
bon, **mauvais**	**bien**, **mal**
Il est en **bonne** santé.	Il va **bien**.
Er ist gesund.	*Es geht ihm gut.*
Elle est en **mauvaise** santé.	Elle va **mal**.
Sie ist nicht gesund.	*Es geht ihr schlecht.*

Als einzige Adjektive haben bon und mauvais selbstständige Adverbien: bien und mal.

Im Französischen bedeutet *gut* sowohl bon als auch bien und *schlecht* sowohl mauvais als auch mal.

Bonne journée ! *Einen schönen Tag!*
Travaille bien ! *Frohes Schaffen!* (wörtlich: *Arbeite gut!*)

Beim Substantiv steht bon, mauvais, beim Verb steht bien, mal.

Man kann aber nicht aus jedem Adjektiv ein Adverb auf -ment bilden. Dafür gibt es eine Reihe von Umschreibungsmöglichkeiten:

Il a réagi **de manière énergique**. *Er hat energisch reagiert.*

Übung 15
Setzen Sie das passende aus dem Adjektiv abgeleitete Adverb ein:

Il dort .... (profond)

→ Il dort profondément.

a) Le temps passe .... (rapide)

b) Je parle .... anglais et français. (courant)

c) Ils gagnent .... leur vie. (difficile)

d) Tu joues .... au tennis. (bon)

e) Il s'amuse .... dans sa chambre. (tranquille)

f) Mange .... ! (propre)

g) J'ai .... dormi. (mauvais)

h) Mais tu es .... folle ! (complet)

9.2 Einfache Adverbien oder *Selbstständige*

Elle chante **souvent.** *Sie singt oft.*
Il parle **trop.** *Er spricht zu viel.*
Il est **enfin** parti. *Er ist endlich weggegangen.*
Il marche **vite.** *Er läuft schnell.*
Parfois, elle est gaie, **parfois** elle est triste. *Manchmal ist sie fröhlich, manchmal ist sie traurig.*

Eine Reihe von Adverbien wird nicht von Adjektiven abgeleitet. Sie sind selbstständig wie im Deutschen.

⚡ Viele Deutsche vertauschen gerne très und beaucoup, weil beide im Deutschen *sehr* heißen.

(1) Il est **très** bête. *Er ist sehr dumm.*
(2) Il parle **très** gentiment. *Er spricht sehr nett.*
(3) Il a **beaucoup** changé. *Er hat sich sehr verändert.*

Es ist ganz einfach: très steht vor *Adjektiv* (1) und *Adverb* (2) und beaucoup (3) steht vor dem *Verb*.

⚡ très beaucoup gibt es nicht.

il mange **beaucoup** oder il mange **énormément**
→ *er isst sehr viel*

beaucoup wiederum wird entweder mit *viel* übersetzt, wenn es quantitativ ist:

il fume **beaucoup** → *er raucht viel*

oder mit *sehr*, wenn es qualitativ ist:

Je me réjouis **beaucoup.** → *Ich freue mich sehr.*

Auch hier steht es beim Verb.

Und jetzt kommt natürlich die entsprechende knifflige Übung …

Übung 16
Setzen Sie très oder beaucoup ein:

a) Cet enfant est .... sérieux.

b) Vous travaillez ...., il faut vous relaxer un peu.

c) Il est .... nerveux, il fume ....

d) Mon frère conduit .... vite.

e) Je l'aime .... Il est .... sympa.

10 Komparative und Superlative oder *So lernen Sie schneller*

Ich mag lieber Rotwein als Weißwein.

Was ist *größer als*, *genauso schön wie* und *billiger als*? Wer treibt *am meisten* Sport? Wo ist die *beste* Eisdiele der Stadt? Wer kann *genauso gut* Französisch sprechen wie Sie?

Vergleichen ist eine alltägliche Aktivität und lässt sich im Französischen ganz einfach ausdrücken.

10.1 Komparative
oder ***Mehr oder weniger***

Adjektiv	
+ **plus ... que**	Les Indiens sont **plus** nombreux **que** les Français. *Die Inder sind zahlreicher als die Franzosen.*
= **aussi ... que**	Les Espagnols sont **aussi** sympas **que** les Portugais. *Die Spanier sind genauso sympathisch wie die Portugiesen.*
– **moins ... que**	Les Groenlandais sont **moins** bavards **que** les Italiens. *Die Grönlander sind weniger gesprächig als die Italiener.*

Der Komparativ wird durch das Umschließen des Adjektivs mit plus ... que, aussi ... que oder moins ... que gebildet.

Die Steigerung nach unten (C'est moin cher – *Es ist weniger teuer*) wird im Französischen häufiger verwendet. Im Deutschen benutzt man meistens das Gegenteil: *Es ist billiger.*

Ich bin ein besserer Sänger als du!

(1) Romain a une **meilleure** note **qu'**Etienne. *Romain hat eine bessere Note als Etienne.*
(2) La maladie est une situation **pire que** le chômage. *Krankheit ist eine schlimmere Situation als Arbeitslosigkeit.*

Sonderformen:
(1) bon *gut* → meilleur *besser*
(2) mauvais *schlecht* → pire *schlechter* im Sinne von *schlimmer*

aber:
Gérard est **le plus mauvais** élève de la classe. *Gérard ist der schlechteste Schüler der Klasse.*

Adverb

Etienne parle **plus** vite **que** Romain. *Etienne spricht schneller als Romain.*
Julie court **aussi** vite **qu'**Etienne. *Julie läuft genauso schnell wie Etienne.*
Romain nage **moins** vite **que** Julie. *Romain schwimmt langsamer als Julie.*

Für den Komparativ des Adverbs gelten die gleichen Regeln wie beim Komparativ des Adjektivs.

Etienne aime **mieux** ses copains **que** les rédactions. *Etienne mag seine Freunde lieber als Aufsätze/Schulaufgaben.*
Sonderform: bien *gut* → mieux *besser*

Substantiv	
Il mange **plus de** bonbons **que** moi.	*Er isst mehr Bonbons als ich.*
Il mange **autant de** bonbons **que** moi.	*Er isst genauso viel Bonbons wie ich.*
Il mange **moins de** bonbons **que** moi.	*Er isst weniger Bonbons als ich.*

Der Komparativ des Substantivs wird durch plus de … que, autant de … que und moins de … que gebildet.

Verb	
Elle fume **plus que** moi.	*Sie raucht mehr als ich.*
Elle fume **autant que** moi.	*Sie raucht genauso viel wie ich.*
Elle fume **moins que** moi.	*Sie raucht weniger als ich.*

Der Komparativ des Verbs wird durch plus que …, autant que … und moins que … gebildet.

10.2 Superlative oder *Es ist das Einfachste …*

Spieglein, Spieglein an der Wand, wer ist die Schönste …?

Adjektiv		
+ + +	le restaurant **le plus** chouette	*das tollste Restaurant*
– – –	la ville **la moins** connue	*die am wenigsten bekannte Stadt*
+ + +	les gens **les plus** sympas	*die nettesten Leute*
– – –	les histoires **les moins** tristes	*die fröhlichsten Geschichten*

Der Superlativ des Adjektivs wird durch Voranstellen von le/la/les plus oder moins gebildet. Der Superlativ *kann immer nachgestellt* werden, auch der Superlativ von normalerweise vorausgehenden Adjektiven, z. B.:

la **plus grande** ville aber auch la ville **la plus grande**
die größte Stadt

Rätsel:

Quelle est la ville la plus dangereuse de France ?
Welche ist die gefährlichste Stadt Frankreichs?
C'est Lyon (Wortspiel mit le lion – *der Löwe*)

Adverb

C'est Romain qui mange **le plus vite**. *Romain isst am schnellsten.*
C'est Julien qui mange **le moins vite**. *Julien isst am langsamsten (am wenigsten schnell).*

Sonderform: bien *gut* → le mieux *am besten*

Substantiv

Ici, on a **le plus de** chances de gagner. *Hier hat man die meisten Chancen zu gewinnen.*
Nous avons voyagé avec **le moins de** bagages possible. *Wir sind mit so wenig Gepäck wie möglich gereist.*

Für den Superlativ des Substantivs wird le plus de … oder le moins de … benötigt.

Verb

Elle s'intéresse **le plus** au sport. *Sie interessiert sich am meisten für Sport.*
Elle s'intéresse **le moins** au sport. *Sie interessiert sich am wenigsten für Sport.*

Für den Superlativ des Verbs wird le plus oder le moins verwendet.

Und nun die Übersichtstabelle:

Komparativ bei Adjektiv/Adverb	Substantiv	Verb
moins … que	moins de … que	moins … que
plus … que	plus de … que	plus … que
aussi … que	**autant** de … que	**autant** … que

Superlativ bei Adjektiv/Adverb und Verb	beim Substantiv
le moins …	le moins de …
le plus …	le plus de …

⚡ Um die Gleichheit auszudrücken, benutzt man aussi bei Adjektiven und Adverbien und autant bei Substantiven und Verben.

Und nun drei kleine Übungen, damit Sie dieses Kapitel in schönster Erinnerung behalten!

Übung 17
Bilden Sie Sätze mit Vergleichsformen nach folgendem Muster:
Denken Sie – falls nötig – an die Angleichung des Adjektivs!

Berlin/Munich/+ grand: *Berlin est plus grand que Munich.*

Le tango/la danse +++ beau: *Le tango est la danse la plus belle.*

a) La Côte d'Azur/la Bretagne/+ touristique.
b) Le TGV/le train normal/+ rapide.
c) Les cerises/les fraises/+ bon.

d) La Chine/le pays/+++ peuplé.
e) La Bavière/la région d'Allemagne/+++ connu.

Übung 18
Einmal ist keinmal: noch ein kleines Training. Übersetzen Sie ins Französische:

a) Sie schreibt am schnellsten.
b) Meine deutschen Freunde sprechen gut Französisch, aber Susanne spricht am besten.
c) Hier kann man angenehmer schwimmen als in einem anderen See.
d) Momentan sehen wir uns seltener.
e) Wir waren im August in Irland, weil es dann am wenigsten regnet.

Wir schließen dieses Kapitel mit einer Gleichheitsübung. Schauen Sie sich bei Bedarf die Übersichtstabelle nochmals an.

Übung 19
Setzen Sie aussi oder autant ein:

a) Les hommes sont .... gourmands que les femmes.

b) En Allemagne, Il y a .... de chats que de chiens.

c) Elle chante .... mal que lui.

d) Il fait .... beau qu'hier.

e) Il parle .... que son frère.

11 Possessivbegleiter und -pronomen
oder *Alles meins!*

Zu unserem fünfzigsten Hochzeitstag hat mir mein Mann endlich eine Kreuzfahrt geschenkt!

Jedem das Seine. Stellen Sie sich vor, Sie sind bei einem Fest und irgendwann weiß man nicht mehr, was wem gehört.

- Ist das *dein* Glas oder *mein* Glas?
- Das ist *deins*. *Meins* ist schon leer.

Es gibt Situationen, wo es hilfreich ist, diese kleinen Wörter zu kennen, um Verwechslungen zu vermeiden …

11.1 Possessivbegleiter oder *Mein Haus, mein Auto …*

	Maskulin	Feminin	Feminin vor Vokal oder stummem h	Plural mask. und fem.
fêter	**le** mariage	**la** promotion	**l'**inauguration	**les** quarante ans
feiern	*die Hochzeit*	*die Beförderung*	*die Einweihung*	*den vierzigsten Geburtstag*
je fête	**mon** mariage	**ma** promotion	**mon** inauguration	**mes** quarante ans
tu fêtes	**ton** mariage	**ta** promotion	**ton** inauguration	**tes** quarante ans
il/elle fête	**son** mariage	**sa** promotion	**son** inauguration	**ses** quarante ans
nous fêtons	**notre** mariage	**notre** promotion	**notre** inauguration	**nos** quarante ans
vous fêtez	**votre** mariage	**votre** promotion	**votre** inauguration	**vos** quarante ans
ils/elles fêtent	**leur** mariage	**leur** promotion	**leur** inauguration	**leurs** quarante ans

mon‿amie	*Freundin*	nicht	↔	~~ma~~ amie
ton exposition	*Ausstellung*	nicht	↔	~~ta~~ exposition
son‿histoire	*Geschichte*	nicht	↔	~~sa~~ histoire

⚡ Vor einem Vokal oder einem stummen h ist es wieder ein bisschen speziell: Aus phonetischen Gründen wird ma, ta, sa zu mon, ton, son.

C'est **votre** fille ?
1. *Ist es eure Tochter?* 2. *Ist es Ihre Tochter?*
Ce sont **vos** enfants ?
1. *Sind es eure Kinder?* 2. *Sind es Ihre Kinder?*

Votre und vos werden – wie vous – auch als Höflichkeitsform verwendet.

1. on = *wir* **nous**

→ **On** fête **notre** promotion. *Wir feiern unsere Beförderung.*
→ **On** fête **sa** promotion. *Wir feiern seine Beförderung.*

2. on = *man*

→ Quand **on** est jeune, **on** parle de **ses** projets. *Wenn man jung ist, spricht man über seine Pläne.*

Im Gegensatz zum Deutschen richtet sich der Possessivbegleiter in der 3. Person Singular *nicht nach dem Geschlecht des Besitzers*. Entscheidend ist, ob das *Substantiv*, vor dem es steht, *männlich* oder *weiblich* ist:

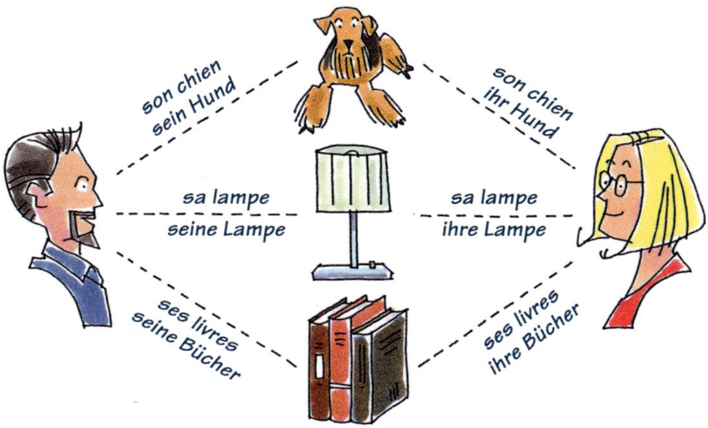

Lästern Sie gern über Ihre Nachbarn? Manchmal schon? Hier eine kurze Unterhaltung zwischen zwei bösen Nachbarinnen.

Übung 20
Setzen Sie den passenden Possessivbegleiter in die Lücken ein. Als kleine Hilfe steht in Klammern le, la oder les:

D = Mme Duchiron G = Mme Gadin

D: Vous avez vu la voisine du-dessus ? .... fils (le) ne travaille pas, il s'occupe toute la journée de .... moto (la).

Et .... fille (la). Vous avez vu comment elle est habillée: jupes courtes (les), ... chaussures (les) à talons hauts et .... décolleté (le) ?

G: Et .... fille (la), comment va-t-elle ?

D: Oh, ... fille (la), merci, ça va.

G: Elle a réussi .... examen (le) à l'université ?

D: Euh! non malheureusement. .... études (les) commencent à nous coûter cher.

11.2 Possessivpronomen
oder ***Das ist meiner!***

A: C'est votre manteau ou **le mien** ? *Ist das Ihr Mantel oder meiner?*
B: C'est **le vôtre, le mien** est plus foncé. *Das ist Ihrer, meiner ist dunkler.*

le mien	la mienne	les miens	les miennes
le tien	la tienne	les tiens	les tiennes
le sien	la sienne	les siens	les siennes
le nôtre	la nôtre	les nôtres	les nôtres
le vôtre	la vôtre	les vôtres	les vôtres
le leur	la leur	les leurs	les leurs
meiner	*meine*	*meine*	*meine* usw. …

oder *der*, *die mein[ig]e*, usw.

Das Possessivpronomen richtet sich in Geschlecht und Zahl nach dem Substantiv, das es ersetzt.

Der Unterschied zu den deutschen Pronomen ist, dass der bestimmte Artikel vor dem Pronomen steht.

Übung 21
Ergänzen Sie die folgenden Sätze mit dem passenden Possessivpronomen:

a) Nous allons changer de voiture. Quand changez-vous .... ?

b) Mon portable est cassé. Je vais demander à mon frère ....

c) J'ai oublié mon stylo. Tu me prêtes ....

d) Votre fils est très sage, ... est terrible.

e) Ma journée de travail est trop longue. Comment est .... ?

f) Les parents ont leur télé, les enfants ont ....

12 Demonstrativbegleiter und -pronomen oder *Dies und jenes*

Stammt die grandiose Idee, diese Bestie mit nach Hause zu bringen, von dir?

Sie sind in einem Obst- und Gemüseladen in Frankreich und sind noch nicht ganz perfekt in Französisch. Tja, wie heißen denn all diese appetitlichen Früchte? Mit Händen und Füßen geht ja einiges, aber die Demonstrativbegleiter (*dieser, diese*) und -pronomen (*jener, jene*) werden Ihnen in einem solchen Fall bestimmt nützlich sein.

Je voudrais **ces** fruits. *Ich möchte diese Früchte.*
Ceux-ci ou **ceux-là** ? *Diese hier oder jene da?*
Comment s'appelle **ce** légume en français ? *Wie heißt dieses Gemüse auf Französisch?*

12.1 Demonstrativbegleiter oder *Dieses Buch ...*

	Singular	Plural
le livre	**ce** livre	**ces** livres
l'ami (m)	**cet** ami	**ces** amis
la table	**cette** table	**ces** tables

Aus phonetischen Gründen müssen Sie auf eine Kleinigkeit achten: Vor einem *männlichen Substantiv*, das mit einem *Vokal* oder einem *stummen* h anfängt, steht cet.

cet immeuble (m)	nicht	↔	~~**ce**~~ immeuble
cet hôtel (m)	nicht	↔	~~ce~~ hôtel

Übung 22

Setzen Sie ce, cet, cette oder ces in die Lücken ein:

Dans une boutique

● Combien coûte .... jupe ?

■ 299 F.

● Et .... chemisier bleu ?

■ 259 F. Il est en promotion.

A l'aéroport

● Vous pouvez me dire où arrive .... avion ?

■ Porte numéro 12. Prenez .... direction.

● Merci beaucoup.

■ Je vous en prie.

A Munich, en été

Où vont tous .... gens ?

Certainement dans .... « jardin de bière ».

12.2 Demonstrativpronomen oder *Dies und das*

	Singular	
Mask.	Ce pantalon est trop large.	*Diese Hose ist zu groß.*
	Celui-ci/là est trop serré.	*Diese/Jene ist zu eng.*
Fem.	Cette robe est très jolie.	*Dieses Kleid ist sehr hübsch.*
	Celle-ci/là ne me plaît pas.	*Dieses/Jenes gefällt mir nicht.*

	Plural	
Mask.	Ces pulls sont chers.	*Diese Pullis sind teuer.*
	Ceux-ci/là sont de mauvaise qualité.	*Diese/Jene sind von schlechter Qualität*
Fem.	Ces chaussures sont chic.	*Diese Schuhe sind elegant.*
	Celles-ci/là sont sportives.	*Diese/Jene sind sportlich.*

Demonstrativpronomen ermöglichen es, eine Wortwiederholung zu vermeiden und zwischen zwei Dingen zu unterscheiden.

Vous voulez ce journal ?

Non, je voudrais **celui-ci** = *diese hier.*
celui-là = *jene dort.*

Wird nur auf eine Sache verwiesen, sind -ci und -là austauschbar. Im Sprachgebrauch findet man aber meistens celui-là.

Welches Pronomen nun? Dieses oder jenes? Entscheiden Sie sich!

Übung 23
Ergänzen Sie die Sätze mit dem passenden Demonstrativpronomen:

Cette voiture est rapide. Mais .... est très économique.

Nous aimons beaucoup ce tableau de Matisse. – Moi, je préfère ....

Ces chats sont très mignons. .... sont un peu agressifs.

Ne prends pas ce bus, prends ...., il va directement au centre-ville.

Ces pommes ne sont pas mauvaises, mais .... sont plus juteuses.

13 Pronomen
oder *Wir und unsere Umwelt*

Ich bin der Kaiser und ihr tut, was ich sage!

Pronomen sind kleine Wörter, die für andere Wörter (Personen oder Sachen) stehen, um eine Wiederholung zu vermeiden. In diesem Kapitel werden Sie erfahren, was sich unter Bezeichnungen wie *Objektpronomen*, *betonte Pronomen* oder *Reflexivpronomen* verbirgt, sich mit den Minipronomen en und y anfreunden und vieles mehr …

13.1 Subjektpronomen
oder *Ich, du und alle anderen*

Singular		**Plural**	
je	*ich*	**nous**	*wir*
tu	*du*	**vous**	*ihr/Sie*
il	*er*	**ils**	*sie*
elle	*sie*	**elles**	*sie*
on	*man/wir*		

- je wird vor Vokal oder stummem h apostrophiert → j':
  j'ai *ich habe*, j'habite *ich wohne*
- für *sie* (3. Person Plural) haben wir zwei Pronomen:
  ils (männlich) und elles (weiblich).

⇄ Anders als im Deutschen benutzt man im Französischen die 2. Person Plural vous als Höflichkeitsform:

Vous aimez les glaces, Madame ? *Mögen Sie Eis, Madame?*
Vous avez choisi, Messieurs-Dames ? *Haben Sie gewählt, die Herrschaften?*

⚡ Das Pronomen on Ist eine französische Spezialität. On bedeutet ursprünglich *man*: On dit que … *Man sagt, dass …* In der gesprochenen Sprache steht es aber auch häufig für nous:

Nous sommes de Lyon. *Wir sind aus Lyon.*
= **On** est de Lyon. *Wir sind aus Lyon.*

Achten Sie darauf, dass nach on die 3. Person Singular steht, auch wenn es vom Sinn her *wir* heißt.

13.2 Objektpronomen oder *Sie schreibt ihm …*

Im Französischen ist es wie im Deutschen. Es gibt *direkte Objektpronomen*, die auf die Frage *was?* oder *wen?* antworten, und *indirekte Objektpronomen*, die auf die Frage *wem?* antworten.

Direkte Objektpronomen (was, wen?)
entsprechen im Deutschen dem Akkusativ:

Le pantalon vert, je **le** prends. *Die grüne Hose, ich nehme sie mit.*
La robe bleue, je **la** mets dans la valise. *Das blaue Kleid, ich lege es in den Koffer.*
Les chaussures à talons, je **les** laisse ici. *Die Pumps, ich lasse sie hier.*

Vor einem Vokal oder einem stummen h werden le und la apostrophiert:

Je **l'**aime. *Ich liebe ihn/sie.*

Indirekte Objektpronomen (wem?)
entsprechen im Deutschen dem Dativ:

Elle écrit **à son fils**. *Sie schreibt ihrem Sohn.*
Elle **lui** écrit. *Sie schreibt ihm.*
Elle écrit **à sa fille**. *Sie schreibt ihrer Tochter.*
Elle **lui** écrit. *Sie schreibt ihr.*
Ils écrivent **à leurs enfants**. *Sie schreiben ihren Kindern.*
Ils **leur** écrivent. *Sie schreiben ihnen.*

Indirekte Objektpronomen stehen nach Verben, die mit à gebildet werden:

écrire **à** qn	*j-m schreiben*
parler **à** qn	*mit j-m sprechen*
téléphoner **à** qn	*j-n anrufen*
offrir (qc) **à** qn	*j-m (etwas) schenken*
demander (qc) **à** qn	*j-n (etwas) fragen*
donner (qc) **à** qn	*j-m (etwas) geben*

qn ist die Abkürzung von quelqu'un *jemand*, qc von quelque chose *etwas*.

Ganz sicher ist es Ihnen nicht entgangen, dass einige Verben, die im Deutschen ein Akkusativpronomen haben, im Französischen ein Dativpronomen (1) haben oder umgekehrt (2):

(1) téléphoner à qn	*j-n anrufen*
(2) aider qn	*j-m helfen*

Versuchen Sie ab jetzt, französisch zu denken und nicht systematisch zu übersetzen. Überlegen Sie, wie das Verb gebildet wird (mit oder ohne Präposition, und wenn mit welcher), denn davon hängt die Wahl des Pronomens ab.

Jetzt die Übersicht:

Direkte Objektpronomen		**Indirekte Objektpronomen**	
me (m')	*mich*	me (m')	*mir*
te (t')	*dich*	te (t')	*dir*
le (l')	*ihn*	lui	*ihm*
la (l')	*sie*	lui	*ihr*
nous	*uns*	nous	*uns*
vous	*euch/Sie*	vous	*euch/Ihnen*
les	*sie*	leur	*ihnen*

Die direkten und indirekten Objektpronomen unterscheiden sich *nur in der 3. Person Singular* und *Plural* voneinander.

Üben wir ein bisschen, einverstanden?

Übung 24
Setzen Sie le, la, l', les, lui oder leur in die Lücken ein:

a) Tu prends les billets pour aller au cinéma ? Je .... prends, pas de problème.

b) Tu aimes bien ton professeur ? Oui, je .... aime bien.

c) On téléphone à Sophie ? D'accord, on .... téléphone.

d) Est-ce qu'elle connaît David ? Non, elle ne .... connaît pas.

e) Tu as écrit à tes parents ? Je .... ai écrit hier.

f) Tu connais bien cette ville ? Oui, je .... connais assez bien.

Alles klar? Dann machen wir mit unseren Pronomen weiter.

13.3 Betonte Personalpronomen oder ***Besondere Hervorhebung***

Toi, tu as l'air complètement crevé. *Du siehst vollkommen erledigt aus.*

Suchen Sie keine entsprechenden Pronomen im Deutschen, … es gibt sie nicht. Hier wird eventuell das *Du* betont, aber nicht – wie im Französischen – wiederholt: *Du, du …*

Diese Pronomen werden verwendet:

1. als Hervorhebung:	
Moi, je suis de Nantes.	*Ich bin aus Nantes.*
Lui, il est de Marseille.	*Er ist aus Marseille.*

2. nach einer Präposition:	
Nous allons dîner **avec eux** ce soir.	*Heute Abend werden wir mit ihnen essen.*
C'est **pour moi** ?	*Ist es für mich?*

3. nach dem Verb être:	
C'est **toi** qui fais la cuisine aujourd'hui ou c'est **moi** ?	*Kochst du oder koche ich heute?*

Übersicht der betonten Pronomen:

Singular		**Plural**	
moi	(je)	nous	(nous)
toi	(tu)	vous	(vous)
lui	(il)	**eux**	(ils)
elle	(elle)	elles	(elles)
soi	(unbestimmt)	**soi**	(unbestimmt)

Das Pronomen soi wird verwendet, wenn das Subjekt, auf das sich soi bezieht, unbestimmt ist oder fehlt.

On est bien chez **soi**. *Man fühlt sich wohl (bei sich) zu Hause.*
être sûr de **soi** *selbstsicher sein*
aber: On est bien chez **elle**. *Man fühlt sich wohl bei ihr.*

13.4 Reflexivpronomen
oder ***Beeilen Sie sich beim Lernen …***

Endlich etwas Bekanntes! Erinnern Sie sich? Diese Pronomen haben Sie schon beim Kapitel Reflexivverben im Präsens kennengelernt.

se maquiller *sich schminken*					
je	**me**	maquille	nous	**nous**	maquillons
tu	**te**	maquilles	vous	**vous**	maquillez
il/elle	**se**	maquille	ils/elles	**se**	maquillent
on	**se**	maquille			

Wie Sie sehen, stehen die Reflexivpronomen, anders als im Deutschen, vor dem Verb.

13.5 en und y
oder ***Immer dabei***

Diesen kleinen Wörtern begegnet man überall.

Gehen wir hin?

Gehen wir weg!

13.5.1 en

Vous voulez **des fruits** ? *Möchten Sie Obst?*
Oui, j'**en** veux bien. *Ja, ich möchte gerne welches.*
Tu veux **une pomme** ? *Möchtest du einen Apfel?*
Merci, j'**en** prends une. *Danke, ich nehme einen (davon).*
Je dois acheter **du sel**, je n'**en** ai plus. *Ich muss Salz kaufen, ich habe keins mehr.*
Tu as encore **un peu de pain** ? *Hast du noch ein bisschen Brot?*
Oui, j'**en** ai dans la cuisine. *Ja, ich habe welches in der Küche.*

en steht für eine *Akkusativergänzung*, die entweder
- den *unbestimmten* Artikel (un, une, des),
- den *Teilungsartikel* (du, de la),
- oder eine *Mengenangabe* (un peu de …/*wenig*, beaucoup de …/*viel*, un kilo de …/*ein Kilo*, etc.) enthält.

Tu viens **du supermarché** ? Oui, j'**en** viens tout juste.
Kommst du aus dem Supermarkt? Ja, da komme ich gerade her.
A quelle heure tu es parti **de Bordeaux** ce matin ? **J'en** suis parti à 5 heures du matin. *Um wie viel Uhr bist du heute früh aus Bordeaux weggefahren? Ich bin um 5 Uhr früh dort abgefahren.*

en steht ebenfalls für alle Ortsergänzungen, die mit de beginnen.

As-tu besoin **de la voiture** ? Oui, j'**en** ai besoin.
Brauchst du das Auto? Ja, ich brauche es.
Tu rêves parfois **de ton voyage en Afrique** ? **J'en** rêve souvent. *Träumst du manchmal von deiner Afrikareise? Ja, ich träume oft davon.*

en steht schließlich für alle anderen Verbergänzungen, die mit de beginnen.

rêver de	*träumen von*
parler de	*über etwas sprechen*
avoir besoin de	*etwas brauchen*
avoir peur de	*Angst haben vor*
s'occuper de	*sich um etwas kümmern*

In diesem Fall kann en nur eine *Sache* ersetzen.

⚡ en kann man unterschiedlich ins Deutsche übersetzen, ganz vom Kontext abhängig: *welche*, *kein*, *eins*, *zwei* (*je nachdem*), *es*, *davon* …

Sie sehen also: Das kleine Wort en erfüllt vielseitige Funktionen.

13.5.2 y

Ein kleiner Hinweis vorweg: Denken Sie daran, dass man das y wie i ausspricht und nicht wie ü.

On va prendre un verre **au café du coin** ? Bonne idée, on y va ! *Gehen wir ins Café an der Ecke einen trinken? Gute Idee. Gehen wir hin!*
Tu vas **sur la Côte** cet été ? *Fährst du diesen Sommer an die Côte?*
Non, j'**y** suis déjà allé l'année dernière. *Nein, ich war letztes Jahr schon dort.*

y vertritt Ortsangaben, die mit à, dans, en, sur etc. (außer de) gebildet werden.

Tu as pensé **à mon projet** ? *Hast du an mein Projekt gedacht?*
Oui, j'**y** ai bien pensé. *Ja, ich habe daran gedacht.*

y vertritt auch Akkusativergänzungen mit à, aber nur, wenn sie eine Sache ersetzen, z. B.:

penser à	*denken an*
contribuer à	*zu etwas beitragen*
renoncer à	*verzichten auf*
s'intéresser à	*sich interessieren für*
faire attention à	*auf etwas aufpassen*

Übung 25
Setzen Sie en oder y in die Lücken ein:

a) Anne, tu t'occupes du pique-nique ? Pas de problème. Je m'......... occupe.

b) Tu es allé à l'épicerie ? Non, mais j'......... vais tout de suite.

c) Est-ce que tu t'intéresses à l'astrologie ? Je ne m'......... intéresse pas du tout.

d) Normalement, le sucre est dans le placard, mais là il n'......... est pas.

e) Combien de sucre je mets dans la pâte ? Tu .... mets 100 grammes.

f) Vous êtes déjà allé en vacances ? Oui, j'......... reviens.

Die Stellung der Objektpronomen beim Verb
Wie dem auch sei, es bleibt die Frage: Wohin mit den Pronomen? Sie haben es bestimmt schon festgestellt: Anders als im Deutschen stehen die Objektpronomen in der Regel *vor dem Verb*: je **le** prends – elle **lui** écrit – j'**en** veux bien – On **y** va !

Aber was passiert, wenn zwei Objektpronomen beim Verb stehen? *Ich gebe es dir, wir machen es Ihnen, er bringt ihn ihm.* Welches der Pronomen hat im Französischen den Vorrang? Schauen Sie sich ein paar Beispiele an:

Ton livre : tu **me le** donnes ? *Dein Buch: Gibst du es mir?*
Le document ? Je **le lui** ai donné. *Das Dokument? Ich habe es ihm gegeben.*
Des fruits, vous **m'en** donnez ? *Obst, geben Sie mir welches?*
Des bananes ? Il **y en** a dans le frigo. *Bananen? Es gibt welche im Kühlschrank.*

Als Hilfe kann Ihnen das Pronominaldreieck dienen:

I		II		III			
me te se nous vous	vor	le la les	vor	lui leur	vor	y vor en	vor Verb od. Infinitiv

I + II   II + III

Wenn zwei Objektpronomen beim Verb stehen, können sie nur in einer bestimmten Reihenfolge kombiniert werden: Bei me, te, se, nous, vous steht das *indirekte Objekt* vor dem *direkten Objekt*:

Je **te le** donne. *Ich gebe es Dir.*

Im Deutschen ist es in diesem Fall anders herum.

Aber bei lui und leur steht das *direkte Objekt* vor dem *indirekten Objekt*:

Je **le lui** donne. *Ich gebe es ihm.*

Hier ist es wie im Deutschen.

⚡ Die *Verneinungsteile* rahmen die anderen Teile ein:

Je **ne** te le donne **pas.** *Ich gebe es dir nicht.*

Übung 26
Die Sätze sind durcheinandergeraten. Stellen Sie die Ordnung wieder her:

a) le/lui/je/demande
b) ne/nous/lui/pas/téléphonons

c) le/tu/demandé/lui/as
d) donnez/vous/lui/pas/ne/
e) y/ai/rencontré /je/l'

13.6 Relativpronomen
oder ***… Den ich meine***

13.6.1 qui und que

J'ai trouvé un coquillage **qui** est très joli, au bord de la mer **qui** est d'un bleu très clair.	qui ist Subjekt	*Ich habe eine Muschel gefunden, die sehr schön ist, am Meer, das (sehr) hellblau ist.*
Il y a des vagues **qui** sont énormes.		*Es gibt Wellen, die riesig sind.*
Je regarde le sable **que** la mer emporte.	que ist Objekt	*Ich beobachte den Sand, den das Meer mitreißt.*
C'est une plage **que** j'aime bien avec des rochers **que** nous escaladons.		*Es ist ein Strand, den ich gern habe, mit Felsen, die wir erklettern.*

qui oder que richtig einzusetzen ist wesentlich einfacher als im Deutschen: Entscheidend ist, ob das Pronomen *Subjekt* qui oder *Objekt* que ist, und nicht, ob es männlich oder weiblich ist, im Singular oder im Plural steht.

13.6.2 où

J'aime	les plages **où** on peut être tranquille.
	les restaurants **où** on peut manger seulement un plat.
	les villes **où** il fait beau toute l'année.
	les jours **où** il pleut pendant la nuit.
Ich mag	Strände, wo man seine Ruhe haben kann.
	Restaurants, in denen man lediglich ein Gericht essen kann.
	Städte, in denen es das ganze Jahr über schön ist.
	Tage, an denen es nachts regnet.

où steht für eine Orts- oder Zeitangabe im Relativsatz.

13.6.3 dont

C'est un copain **dont** je t'ai déjà parlé (1). *Es ist ein Freund, von dem ich dir schon erzählt habe.*
Sa mère **dont** tu as fait la connaissance hier travaille à l'hôpital (2). *Seine Mutter, die du gestern kennengelernt hast, arbeitet im Krankenhaus.*

dont steht für eine de-Ergänzung. Eine de-Ergänzung kann:
(1) eine Verbergänzung (parler de, rêver de etc.)
(2) oder eine Nomenergänzung (la connaissance de la mère) sein.

Wir haben es geschafft. Die Übungen sind zur Selbstkontrolle ganz wichtig, und wenn es beim ersten Mal noch nicht hundertprozentig klappt, lesen Sie das Kapitel eben noch einmal durch und versuchen es dann wieder.

Übung 27
Setzen Sie das passende Pronomen ein (qui, que, dont, où):

a) C'est un endroit .... on rencontre des gens intéressants.

b) C'est une voiture .... consomme peu d'essence.

c) Tu as vu le film .... je t'ai parlé ?

d) Ma sœur est une femme .... parle peu.

e) C'est un restaurant .... je trouve formidable.

14 Futur
oder *Das wird interessant*

Wenn ich groß bin, werde ich Astronautin! – Und ich werde Hebamme!

„Morgen, morgen, nur nicht heute, sagen alle faulen Leute." Wenn Sie aber Pläne schmieden, sich auf ein kommendes Ereignis freuen, die Zukunft voraussehen möchten, brauchen Sie … das Futur.

Um das Futur auszudrücken, haben Sie im Französischen drei Möglichkeiten:

1. Demain, on **part** en vacances. *Morgen fahren wir in Urlaub.*
2. On **va visiter** les îles grecques. *Wir werden die griechischen Inseln besuchen.*
3. Ce **sera** nos premières vraies vacances. *Es wird unser erster richtiger Urlaub sein.*

14.1 **Präsens**
oder ***Morgen gehe ich ...***

Ce soir, on **a** rendez-vous avec des amis. *Heute Abend sind wir mit Freunden verabredet.*

Eine zukünftige Handlung kann durch Zeitangaben wie demain, ce soir etc. im Präsens ausgedrückt werden.

14.2 **Futur composé**
oder ***Aller* *(gehen) + Verb***

je	**vais**	**sortir** au restaurant	*ich werde ins Restaurant (aus)gehen*
tu	**vas**	**regarder** un match	*du wirst ein Fußballspiel anschauen*
il/elle/on	**va**	**rencontrer** des amis	*er/sie/man wird Freunde treffen*
nous	**allons**	**téléphoner**	*wir werden anrufen*
vous	**allez**	**prendre** un verre	*ihr werdet einen trinken gehen*
ils/elles	**vont**	**se coucher** de bonne heure	*sie werden früh ins Bett gehen*

Bildung des Futur composé:
1. Nehmen Sie das Verb aller im *Präsens*,
2. wählen Sie die gewünschte *Person* (je vais, tu vas ...),
3. fügen Sie die *Grundform* des gewünschten Verbs (z.B. sortir, regarder) hinzu.

Die Bildung des Futur composé ist einfach. Sie müssen nur die Präsensformen von aller beherrschen.

Die Verneinungsformen umschließen die konjugierte Form des Verbs aller.

Je **ne** vais **pas** travailler aujourd'hui. *Heute werde ich nicht arbeiten.*
Elles **ne** vont **plus** faire de sport. *Sie werden kein Sport mehr machen.*

Übung 28
Setzen Sie das Futur composé (und eventuell die Verneinungsform) nach folgendem Muster ein:

J'étudie la philosophie. Je .... la philosophie.

(étudier) → Je *vais étudier* la philosophie.

a) Nous passons nos vacances en Normandie. Nous .... nos vacances en Normandie. (passer)

b) Il ne fait pas beau. Il .... beau. (faire)

c) Tu téléphones à ton chef. Tu .... à ton chef. (téléphoner)

d) Je vais chez le dentiste. Je .... chez le dentiste. (aller)

e) Vous êtes papa ? Vous .... papa ? (être)

14.3 Futur I
oder ***Sie werden es schnell lernen …***

Das Futur simple hat denselben Stamm wie der Konditional, d. h. wir werden jetzt zwei Fliegen mit einer Klappe schlagen!

	Verben auf -er	Andere Verben
Je	parler**ai**	fini**rai**
tu	parle**ras**	fini**ras**
il/elle/on	parle**ra**	fini**ra**
nous	parle**rons**	fini**rons**
vous	parle**rez**	fini**rez**
ils/elles	parle**ront**	fini**ront**

Bildung des Futur simple:
Verben auf -er
1. Nehmen Sie die 1. Person Sing. vom Präsens: je parle →
2. Fügen Sie die Endungen hinzu: -rai, -ras, -ra, -rons, -rez, -ront

andere Verben
1. Nehmen Sie die Grundform fini ~~r~~ → attend ~~re~~ →
2. Behalten Sie nur den Stamm und fügen Sie die Endungen hinzu: -rai, -ras, -ra, -rons, -rez, -ront

Eine kleine Eselsbrücke für Sie: Die Endungen des Futur erinnern an das Verb avoir *haben* im Präsens (ohne av-):

j'**ai**, tu **as**, il **a**	→	je parler**ai**, tu parler**as**, il parler**a**
nous av**ons**, vous av**ez**, ils **ont**	→	nous parler**ons**, vous parler**ez**, ils parler**ont**

Sonderformen:

aller	*gehen*	j'**irai**
avoir	*haben*	j'**aurai**
être	*sein*	je **serai**
faire	*machen*	je **ferai**
pouvoir	*können*	je **pourrai**
vouloir	*wollen*	je **voudrai**
devoir	*müssen*	je **devrai**
falloir	*müssen*	il **faudra**

Die Endungen sind immer regelmäßig. Wenn Sie die erste Person wissen, können Sie alle Personen bilden: Sie brauchen nur die Futurendungen hinzuzufügen.

Für die anderen unregelmäßigen Verben ▶ Verbtabelle S. 166 ff.

Gebrauch: Futur composé oder Futur simple?

Das Futur composé, auch Futur proche *nahe Zukunft* genannt, drückt eine *unmittelbare Zukunft* oder eine Absicht aus.

Das Futur simple dagegen benutzt man eher für Vorgänge, die in *ferner Zukunft* liegen.

In der Praxis sind aber beide Zukunftsformen fast immer austauschbar, wobei das Futur composé in der Umgangssprache bevorzugt wird, während das Futur simple in der geschriebenen Sprache überwiegt.

Das Futur simple steht jedoch in quand-Sätzen und wenn die *zukünftige Handlung von der Gegenwart losgelöst* ist, z. B. bei Zeitangaben wie toujours und jamais.

Wenn ich Ferien habe, fahre ich nach Afrika.

Je n'**irai jamais** habiter en ville. *Ich werde nie in der Stadt wohnen.*
Je t'**aimerai toujours.** *Ich werde dich immer lieben.*

14.4 Futur II
oder ***Wir werden gelernt haben …***

j'/je	**aurai**	**terminé**	**serai**	**venu(e)**
tu	**auras**	**commencé**	**seras**	**allé(e)**
il/elle/on	**aura**	**fait**	**sera**	**monté(e)(s)**
nous	**aurons**	**pris**	**serons**	**descendu(e)s**
vous	**aurez**	**été**	**serez**	**parti(e)(s)**
ils/elles	**auront**	**eu**	**seront**	**arrivé(e)s**

Das Futur antérieur wird mit dem Futur simple von avoir oder être und dem Participe passé des jeweiligen Verbs gebildet.

Erinnern Sie sich an die Verben, die im Passé composé und Plus-que-parfait mit être gebildet werden? Im Futur antérieur sind es dieselben, inklusive aller Reflexivverben.

Gebrauch

Quand tu **auras fini** ton livre, nous irons nous promener. *Wenn du das Buch zu Ende gelesen hast, gehen wir spazieren.*

Das Futur antérieur bezeichnet ein Geschehen, das bereits in der Zukunft als abgeschlossen betrachtet wird.

Im Deutschen steht in diesem Fall meist das Perfekt.

Folgende Konjunktionen leiten das Futur antérieur oft ein: quand und lorsque *wenn*, dès que und aussitôt que *sobald*.

Dès qu'il **sera revenu**, nous ferons une grande fête.
Sobald er zurückgekommen ist, feiern wir ein großes Fest.

Wie immer beenden wir dieses Kapitel mit einem Übungsteil:
Es ist Neujahr und nächstes Jahr wird alles anders! Jeder hat ein paar gute Vorsätze gefasst.

Übung 29
Ergänzen Sie die Sätze nach folgendem Muster mit dem Futur simple:

Je .... plus de marche à pied. (faire) → Je ....ferai.................. plus de marche à pied.

a) J' .... de fumer. (arrêter)

b) Je ne .... plus. (s'énerver)

c) Ils .... plus de temps à leurs amis. (consacrer *widmen*)

d) Il .... moins d'alcool. (boire)

e) Tu .... moins. (travailler)

f) Nous .... au cinéma au moins deux fois par semaine. (aller)

Übung 30
Vervollständigen Sie die Sätze wie in der vorigen Übung, diesmal aber mit dem Futur antérieur:

a) Aussitôt que tu .... tes devoirs *(Hausaufgaben)*, nous irons manger une glace. (finir)

b) Dès que *(sobald)* Pierre ...., nous mangerons. (revenir)

c) Quand nous .... la maison, nous pourrons enfin faire un grand voyage. (payer)

d) Quand j' .... de fumer, je recommencerai à faire du sport. (arrêter)

15 Konditional
oder ***Das könnten Sie lernen***

Ich wäre gerne noch mal zwanzig!

Der Konditional wird Ihnen keine Schwierigkeiten bereiten … wenn Sie das Futur simple in Erinnerung haben, denn der Konditional hat denselben Stamm wie das Futur.

15.1 Konditional I
oder ***Ich würde gerne alles haben***

	Verben auf -er	Andere Verben
Je	parle**rais**	fini**rais**
tu	parle**rais**	fini**rais**
il/elle/on	parle**rait**	fini**rait**
nous	parle**rions**	fini**rions**
vous	parle**riez**	fini**riez**
ils/elles	parle**raient**	fini**raient**

Bildung des Conditionnel:

Verben auf -er

1. Nehmen Sie die 1. Person Sing vom Präsens: je parle →
2. Fügen Sie die Endungen hinzu: -rais, -rais, -rait, -rions, -riez, -raient

Andere Verben

1. Nehmen Sie die Grundform **fini** ~~r~~ → **attend** ~~re~~ →
2. Behalten Sie nur den Stamm und fügen Sie die Endungen hinzu: -rais, -rais, -rait, -rions, -riez, -raient

Wieder eine kleine Eselsbrücke für Sie: Die Endungen vom Konditional erinnern an das Verb avoir *im Imperfekt* (ohne av-):

j'av**ais**, tu av**ais**, il av**ait**	→	je parler**ais**, tu parler**ais**, il parler**ait**,
nous av**ions**, vous av**iez**, ils av**aient**	→	nous parler**ions**, vous parler**iez**, ils parler**aient**

Im Folgenden finden Sie dieselben unregelmäßigen Verben wie im Futur.

Sonderformen:

aller	*gehen*	j'**irais**
avoir	*haben*	j'**aurais**
être	*sein*	je **serais**
faire	*machen*	je **ferais**
pouvoir	*können*	je **pourrais**
vouloir	*wollen*	je **voudrais**
devoir	*müssen*	je **devrais**
falloir	*müssen*	il **faudrait**

Die Endungen sind immer regelmäßig. Wie im Futur genügt es, die erste Person zu kennen, um das ganze Verb konjugieren zu können.

Für die anderen unregelmäßigen Verben ▶ Verbtabelle S. 166 ff.

Gebrauch

(1) **J'aimerais** tellement t'aider. *Ich würde dir so gern helfen.*
(2) D'après les dernières informations, le président **serait** gravement malade. *Nach den letzten Nachrichten wäre der Präsident schwer krank.*
(3) Tu **pourrais** lui téléphoner. *Du könntest ihn anrufen.*
(4) **Auriez**-vous une cigarette pour moi ? *Hätten Sie eine Zigarette für mich?*

Das Conditionnel présent dient hauptsächlich zum Ausdrücken einer Möglichkeit. Er wird verwendet:
(1) um einen Wunsch,
(2) die vorsichtige Wiedergabe einer Information,
(3) einen Rat oder Vorwurf
(4) oder eine höfliche Bitte auszudrücken.

Der Konditional wird auch in si-Sätzen ▶ 17 gebraucht:

Si tu étais plus tolérant, nous nous **disputerions** moins. *Wenn du toleranter wärest, würden wir uns weniger streiten.*

Auch in der *indirekten Rede* wird der Konditional verwendet. Da hat er allerdings eine zeitliche Funktion (Zeitverschiebung: ▶ 15).

Elle a téléphoné pour dire qu'elle **viendrait** en retard.
Sie hat angerufen, dass sie mit Verspätung kommt.

15.2 Konditional II
oder ***Ich hätte gerne alles gehabt***

j'/je	**aurais**	**terminé**	**serais**	**venu(e)**
tu	**aurais**	**commencé**	**serais**	**allé(e)**
il/elle/on	**aurait**	**fait**	**serait**	**monté(e)(s)**
nous	**aurions**	**pris**	**serions**	**descendu(e)s**
vous	**auriez**	**été**	**seriez**	**parti(e)(s)**
ils/elles	**auraient**	**eu**	**seraient**	**arrivé(e)s**

Bildung des Conditionnel passé:
Der *Konditional II* wird mit dem *Konditional I* von avoir oder être und dem *Partizip Perfekt* des jeweiligen Verbs gebildet.

Es sind immer dieselben Verben (aller, venir etc. inklusive aller Reflexivverben), die mit être gebildet werden. (Siehe ▸ 7)

Gebrauch

(1) J'**aurais aimé** avoir une belle voix. *Ich hätte gern eine schöne Stimme gehabt.*
(2) L'accident **aurait fait** plus de 15 victimes. *Der Unfall hätte mehr als 15 Opfer verursacht.*
(3) Tu **aurais pu** prendre le train. *Du hättest den Zug nehmen können.*
(4) **Auriez**-vous **eu** le temps ? *Hätten Sie Zeit gehabt?*

Das Conditionnel passé drückt im Allgemeinen eine unerfüllte Möglichkeit in der Vergangenheit aus. Es wird wie das Conditionnel présent verwendet (Beispiele 1–4).

Das Conditionnel passé wird auch in si-Sätzen gebraucht (▶ 17):

Si j'étais né au XVIIe e siècle, nous ne nous **serions** pas **rencontrés.** *Wenn ich im XVII. Jh. geboren wäre, hätten wir uns nicht kennengelernt.*

… sowie in der *indirekten Rede* (▶ 16):

Elle a dit qu'elle **aurait** bientôt **fini** sa thèse. *Sie hat gesagt, sie hätte ihre Doktorarbeit bald beendet.*

Und – wie immer – eine … bzw. zwei Abschlussübungen.

Übung 31
Stellen wir uns eine ideale Welt vor.
Setzen Sie das Conditionnel présent nach folgendem Muster ein:

Dans ce monde tout le monde .... les mêmes chances de réussir. (avoir) → Tout le monde ....*aurait*........... les mêmes …

a) Le concept de race jaune, noire ou blanche n'............................ pas. (exister)

b) Aucune race ne .... supérieure à une autre. (être)

c) Il n' y .... pas de violence. (avoir)

d) Nous ne .... pas la guerre. (faire)

e) Les enfants .... grandir sans discrimination. (pouvoir)

Was hätten wir alles früher gerne gemacht, aber …

Übung 32
Setzen Sie das Conditionnel passé nach folgendem Muster ein:

J'............................ bien .... un chat mais je suis allergique aux chats. (avoir) → J' *aurais* bien *eu* un chat mais …

a) Il .... bien .... ses études mais il a trouvé un travail bien payé. (terminer)

b) Elle .... bien .... apprendre le piano mais elle n'a pas l'oreille musicale. (pouvoir)

c) J' .... bien .... connaître mon grand-père mais il est mort avant ma naissance. (aimer)

d) Nous .... bien .... au Brésil mais nous n'avons pas trouvé le temps. (aller)

e) Je .... bien .... dans mon pays natal mais j'ai trouvé un travail à l'étranger. (rester)

16 Indirekte Rede
oder *Er sagt, sie sagt …*

Er fragt, wo der Eiffelturm ist.

Sie kennen bestimmt das Kreisspiel *„Stille Post"* (« le téléphone arabe » auf Französisch), in dem eine Person ihrem Nachbarn etwas ins Ohr flüstert. Der Nachbar flüstert den Satz dem nächsten ins Ohr und so weiter.

Am Ende ist der Satz total entstellt. Beim Ersten handelt es sich um einen Diebstahl in Rom und beim Fünften ist die Rede von einer Geiselnahme in Bonn … Wir wollen hier üben, die Aussage eines anderen korrekt wiederzugeben.

Wenn Sie etwas, was eine dritte Person gesagt hat, wiedergeben, verwenden Sie *indirekte Rede* – im Gegensatz zur *direkten Rede*, wo Ihr Gesprächpartner sich direkt an Sie wendet. Die Zeit der indirekten Rede oder Frage hängt von der im Hauptsatz verwendeten Zeit ab.

16.1 Hauptsatz: Verb im Präsens oder *Sie sagt, sie sei einverstanden ...*

Direkte Rede	Indirekte Rede
Il dit : « Je **suis** fatigué. » *Er sagt: „Ich bin müde.“*	Il **dit** qu'il **est** fatigué. *Er sagt, er sei müde.*

Die indirekte Rede wird mit que eingeleitet. Vor Vokalen steht qu'.

Direkte Frage	Indirekte Frage
Elle demande : « Tu **es** libre ce soir ? » *Sie fragt: „Bist du frei heute Abend?“*	Elle **demande** si je **suis** libre ce soir. *Sie fragt, ob ich heute Abend frei sei.*
Elle demande : « Où **vas**-tu ? » *Sie fragt: „Wo gehst du hin?“*	Elle **demande** où je **vais**. *Sie fragt, wo er hingeht.*

Fragen ohne Fragewort werden mit si *ob* eingeleitet. Andere Fragen werden mit den jeweiligen Fragewörtern (où, quand ...) eingeleitet, die auch in der direkten Rede verwendet werden.

Beachten Sie:

Elle demande :	**Elle demande**
1. « **Qu'est-ce que** tu fais dans le jardin ? » *Sie fragt: „Was machst du im Garten?“*	**ce que** je fais dans le jardin. *Sie fragt, was ich im Garten mache.*
2. « **Qu'est-ce qui** t'intéresse ? » *Sie fragt: „Was interessiert dich?“*	**ce qui** m'intéresse. *Sie fragt, was mich interessiert.*

Bei der Umwandlung der direkten Frage in die indirekte Frage wird

qu'est-ce que	zu	→	ce que
qu'est-ce qui	zu	→	ce qui

Während im Deutschen in der indirekten Rede und Frage meist der Konjunktiv steht, wird im Französischen der *Indikativ* gebraucht. Anders als im Deutschen wird die Stellung des Verbs im Nebensatz nicht verändert.

David **affirme** que les voisins **sont** trop bruyants.
David behauptet, dass die Nachbarn zu laut seien.

In diesen Beispielen steht das Verb, das die indirekte Rede einleitet, im *Präsens*. Das Verb des Nebensatzes steht in derselben Zeit wie in der direkten Rede oder Frage = *keine Zeitverschiebung*.

16.2 Hauptsatz: Verb in der Vergangenheit oder *Er hat gesagt, er sei traurig ...*

Nun brauchen Sie keinen Zaubertrunk, sondern nur ein bisschen Logik, um die Fortsetzung zu verstehen. Es geht jetzt um *Zeitverschiebung*, und zwar findet in der indirekten Rede/Frage – wie bei Ländern in unterschiedlichen Zeitzonen – eine Zeitverschiebung statt, wenn das einleitende Verb in einer *Zeit der Vergangenheit* steht.

Direkte Rede		Indirekte Rede
Elle a téléphoné :	→	Elle **a téléphoné**
1. « Je **suis** à Roissy, **présent**	→	qu'elle **était** à Roissy **imparfait**
2. j' **ai raté** mon avion, **passé composé**	→	qu'elle **avait raté** son avion **plus-que-parfait**
3. je **rentrerai** demain … **futur**	→	qu'elle **rentrerait** le lendemain … **conditionnel présent**
4. … quand j' **aurai trouvé** un vol. » **futur antérieur**	→	… quand elle **aurait trouvé** un vol. **conditionnel passé**
Sie hat angerufen:		*Sie hat angerufen,*
1. *„Ich bin in Roissy,*		*sie sei in Roissy,*
2. *ich habe die Maschine verpasst,*		*sie hätte die Maschine verpasst,*
3. *ich werde morgen zurückkommen,*		*sie würde morgen zurückkommen,*
4. *wenn ich einen Flug gefunden habe (haben werde)."*		*wenn sie einen Flug fände.*

Wenn das Verb, das die indirekte Rede einleitet, in einer Zeit der Vergangenheit steht (z. B. elle a téléphoné que), finden die oben genannten Zeitverschiebungen im Nebensatz statt.

Imparfait, Plus-que-parfait, Conditionnel présent und Conditionnel passé unterliegen bei der Umwandlung in die indirekte Rede keiner Zeitverschiebung.

Direkte Rede		Indirekte Rede
Je lui ai assuré :	→	Je lui ai assuré
« J'**étais** heureuse de te revoir. »	→	que j'**étais** heureuse de la revoir.
Imparfait		**Imparfait**
Ich habe ihr versichert,	→	*Ich habe ihr versichert,*
„Ich war glücklich, dich wiederzusehen".	→	*ich sei glücklich, sie wiederzusehen.*

Genauso wie im Deutschen wirkt sich die Umwandlung von der direkten in die indirekte Rede/Frage auf Verbformen, Pronomen und sonstige Begleiter aus.

Elle a dit :	« **J'**	**ai raté**	**mon**	avion »
	↓	↓	↓	
Elle a dit qu'	**elle**	**avait raté**	**son**	avion

Steht das Verb des Hauptsatzes in einer Zeit der Vergangenheit, so verändern sich logischerweise auch die Zeitangaben:

aujourd'hui	*heute*	→	ce jour-là	*an diesem Tag*
hier	*gestern*	→	la veille	*am Tag zuvor*
demain	*morgen*	→	le lendemain	*am nächsten Tag*
dans deux jours	*in zwei Tagen*	→	deux jours plus tard	*zwei Tage später*

Direkte Rede:	
Elle a raconté : « **Demain**, je pars en vacances. »	*Sie hat erzählt: „Morgen fahre ich in Urlaub."*

Indirekte Rede:	
Elle a raconté que **le lendemain**, elle partait en vacances.	*Sie hat erzählt, dass sie am nächsten Tag in Urlaub fährt.*

16.3 Indirekte Frage
oder ***Sie hat gefragt, wann ich komme …***

Direkte Frage	Indirekte Frage
Il a demandé : « Quand **es**-tu **rentré** à la maison ? » *„Wann bist du nach Hause gekommen", hat er gefragt.*	Il **a demandé** quand j'**étais rentré** à la maison. *Er hat gefragt, wann ich nach Hause gekommen sei.*

Die Regeln für die *indirekte Rede* gelten auch für die indirekte Frage, d. h. es finden dieselben Zeitverschiebungen statt.

Das war ganz schön viel auf einmal, aber hier folgt die Übersichtstabelle.

Zusammenfassung der Zeitverschiebungen

Direkte Rede/Frage		Indirekte Rede/Frage
présent	→	imparfait
passé composé	→	plus-que-parfait
futur	→	conditionnel présent
futur antérieur	→	conditionnel passé

Unverändert		
imparfait	=	imparfait
plus-que-parfait	=	plus-que-parfait
conditionnel présent	=	conditionnel présent
conditionnel passé	=	conditionnel passé

Um die häufige Wiederholung von dire *sagen* zu vermeiden, hier einige Verben, mit denen die indirekte Rede auch eingeleitet werden kann:

affirmer	*zugeben*	informer	*mitteilen*
annoncer	*ankündigen*	jurer	*schwören*
assurer	*versichern*	prétendre	*behaupten*
confirmer	*bestätigen*	rapporter	*berichten*
expliquer	*erklären*	répondre	*antworten*

Und zum Schluss wie immer eine kleine Übung, bevor wir uns in das nächste grammatische Abenteuer stürzen …

Übung 33
Verwandeln Sie die folgenden Sätze in die indirekte Rede/Frage nach diesem Muster:

« Je suis désolé, je ne savais pas. » Il m'a dit que …

→ *Il m'a dit qu'il était désolé, qu'il ne savait pas.*

a) « Je serai de retour dans un quart d'heure. »
Elle a promis que …

b) « J'ai vu Monsieur Perroches ce matin au marché. »
Il m'a raconté que …

c) « Tu vas à la piscine ce soir ? »
Ils m'ont demandé si …

d) « Ce n'est pas sûr, ça dépend du temps. »
J'ai répondu que …

e) « Pourquoi étais-tu si triste hier ? »
Il a voulu savoir pourquoi …

f) « Qu'est-ce que vous avez fait hier ? »
Elle m'a demandé ce que …

g) « On ira au Portugal cette année. »
Il m'a raconté que …

h) « Ce n'est pas grave, tu vas comprendre. »
Elle m'a affirmé que …

17 si-Sätze
oder *Was wäre, wenn ...*

Wenn ich reich wäre, würde ich mir ein neues Auto kaufen.

« Avec des si, on mettrait Paris en bouteille », heißt ein französisches Sprichwort, was so viel bedeutet wie *„Wenn das Wörtchen ‚wenn' nicht wär, wär mein Vater Millionär"*. Wir wollen uns in diesem Kapitel mit den si-Sätzen (*wenn-Sätzen*) beschäftigen. Wenn Sie möchten ... Es wäre aber nicht schlecht, denn das Umgehen mit diesen Sätzen wird es Ihnen ermöglichen zu verhandeln, Bedingungen zu stellen oder Hypothesen aufzustellen.

Der Bedingungssatz besteht aus einem Nebensatz, meistens durch si eingeleitet und einem Hauptsatz, der die Folge der Bedingung nennt.

Es gibt im Französischen drei Grundtypen von si-Sätzen:

Typ 1:

Si vous travaillez avec cette grammaire, vous **ferez** des progrès rapides. *Wenn Sie mit dieser Grammatik arbeiten, werden Sie schnelle Fortschritte machen.*

si-Satz		*Hauptsatz*
Présent	→	**Futur**

Die Erfüllung der Bedingung gilt als wahrscheinlich.

⚡ Neben diesem Grundmuster sind noch einige Varianten möglich, wenn der Sinnzusammenhang es verlangt, z. B.:

Si tu **as fini** ton travail plus tôt, **appelle**-moi. *Wenn du deine Arbeit früher beendet hast, ruf mich an.*
Passé composé → **Impératif**

Si tu **as fini** ton travail plus tôt, on **pourra** aller prendre un pot. *Wenn du deine Arbeit früher beendet hast, können wir etwas trinken gehen.*
Passé composé → **Futur**

Typ 2:

Si vous **travailliez** avec cette grammaire, vous **feriez** des progrès rapides. *Wenn Sie mit dieser Grammatik arbeiten würden, würden Sie schnelle Fortschritte machen.*

Si-Satz		*Hauptsatz*
Imparfait	→	**Conditionnel présent**

Die Erfüllung der Bedingung gilt als unwahrscheinlich oder unrealistisch.

⇄ Anders als im Deutschen steht in dem mit si *wenn* eingeleiteten Satz *nie* der Konditional.

Typ 3:

Si vous aviez travaillé avec cette grammaire, vous **auriez fait** des progrès vertigineux. *Wenn Sie mit dieser Grammatik gearbeitet hätten, hätten Sie schwindelerregende Fortschritte gemacht.*

Si-Satz		*Hauptsatz*
Plus-que-parfait	→	**Conditionnel passé**

Die Erfüllung der Bedingung ist unmöglich.

Und zum Schluss, damit Sie in solchen Fällen bestens gewappnet sind, noch eine Variante:

Si je n'**avais** pas **été** malade hier, je **pourrais** te raconter (maintenant) comment c'était. *Wenn ich gestern nicht krank gewesen wäre, könnte ich dir darüber berichten, wie es war.*

Plus-que-parfait	→	**Conditionnel présent**

Wenn der Sinn es verlangt, können Typ 2 und Typ 3 gemischt werden. Ein Satzteil bezieht sich auf die Zukunft, der andere auf die Vergangenheit. Das soll Ihnen aber kein Kopfzerbrechen verursachen. Es ist am wichtigsten, die Grundmuster gut zu kennen.

Wie im Deutschen kann der si-Satz vor oder hinter dem Hauptsatz stehen, das spielt keine Rolle. Die Zeitenverteilung bleibt gleich.

Si tu **voulais**, on **irait** en vacances au bord de la mer.
= On **irait** en vacances au bord de la mer si tu **voulais**.
Wenn du wolltest, führen wir im Urlaub ans Meer.
Wir würden im Urlaub ans Meer fahren, wenn du wolltest.

Das deutsche *wenn* kann sowohl mit si als auch mit quand übersetzt werden.

(1) Si **j'avais** vingt ans, je **ferais** des études de langues orientales. *Wenn ich zwanzig wäre, würde ich orientalische Sprachen studieren.*
(2) Quand **j'aurai** vingt ans, je **ferai** des études de langues orientales. *Wenn ich zwanzig sein werde, werde ich orientalische Sprachen studieren.*

(1) *wenn* = si *falls* in Konditionalsätzen,
(2) *wenn* = quand *sobald*, *immer wenn* in Temporalsätzen.

Vor il und ils wird si zu s': s'il …, s'ils …, aber nicht vor elle und elles: si elle …, si elles.

Mit si-Sätzen können Sie im Französischen auch:

1. einen Wunsch äußern

Si seulement je pouvais dormir ! *Wenn ich bloß schlafen könnte!*

2. einen Vorschlag machen

Si on écrivait une lettre pour protester … Wenn wir einen Brief aus Protest schreiben würden …

3. ein Bedauern ausdrücken

Si j'avais su ! *Wenn ich es gewusst hätte!*

4. einen Vorwurf formulieren

Si au moins vous m'aviez informé … ! *Wenn Sie mich wenigstens informiert hätten …!*

Vielleicht sind Sie jetzt ein bisschen verwirrt, aber die Praxis wird Ihnen helfen, wieder Klarheit zu schaffen.

Übung 34
Setzen Sie die Satzteile so zusammen, dass sie sinnvolle Sätze bilden. Achten Sie dabei auf die passende Zeitenfolge:

x) Si j'étais une star, 0) je ferais plein de caprices.
→ 0 passt zu x: **Si j'étais une star, je ferais plein de caprices.**

a)	Si j'avais de l'argent,	☐
b)	Si tu conduisais plus lentement,	☐
c)	Il aura des problèmes de santé,	☐
d)	Si tu avais été à l'heure,	☐
e)	Ecris-moi une carte postale,	☐
f)	S'ils parlaient espagnol,	☐
g)	Si j'étais toi …	☐
h)	Nous aurions visité d'autres îles grecques,	☐

1) si tu y penses !
2) leurs vacances au Mexique auraient été plus intéressantes.
3) nous n'aurions pas manqué l'avion.
4) je m'achèterais une Rolls Royce.
5) s'il continue à fumer autant.
6) je pourrais admirer le paysage.
7) si nous avions eu le temps.
8) je changerais de coiffure.

18 Präpositionen oder *Auf, unter, für, mit & Co.*

Da in der Mitte, das ist meine Villa, neben dem Haus steht mein Ferrari und in der Garage, das ist meine Yacht.

Diese kleinen Wörter machen uns in jeder Fremdsprache viel zu schaffen. Sie laufen uns ständig über den Weg und man stolpert immer wieder darüber.

Versuchen Sie lieber nicht, die deutsche Präposition wörtlich ins Französische zu übersetzen. Es wird erfahrungsgemäß nicht sehr oft klappen: *in* heißt z. B. nicht systematisch dans. Es ist besser, wenn Sie die Präpositionen nach und nach in ihrem jeweiligen Kontext auswendig lernen. Hier wollen wir Ihnen einen Überblick über die wichtigsten Präpositionen verschaffen.

18.1 Örtliche Beziehungen
oder ***Oben, unten oder dazwischen***

chez wird ausschließlich *für Personen* verwendet:

Elle est **chez** des amis. *Sie ist bei Freunden.*
Tu es **chez** toi ce soir ? *Bist du heute Abend (bei dir) zu Hause?*
Elle travaille **chez** Peugeot. *Sie arbeitet bei Peugeot.*
aber:
Elle travaille dans une banque. *Sie arbeitet bei einer Bank.*

Erinnern Sie sich an die *Verschmelzung* der bestimmten *Artikel* mit der Präposition à (1.2) …? Wenn nicht, wird Ihnen hier eine zweite Chance gegeben:

le café	→	Il est **au**	café.	*Er ist im Café.*
les toilettes	→	Je vais **aux**	toilettes.	*Ich gehe auf die Toilette.*
		à + le	**→**	**au**
		à + les	**→**	**aux**

18.1.1 jusque

On va jusqu'**à** Perpignan. *Wir fahren bis Perpignan.*
Je t'accompagne jusqu'**à la** mer. *Ich begleite dich bis zum Meer.*
aber:
Nous avons marché jusqu'**au** port. *Wir sind bis zum Hafen gelaufen.*
J'ai de l'eau jusqu'**aux** genoux. *Ich habe Wasser bis zu den Knien.*

Die Präposition jusque *bis* wird meistens mit à → jusqu'à kombiniert.

⚡ Bei *Abschiedsgrüßen* verwendet man aber nur à.

A samedi ! *Bis Samstag!*
A bientôt ! *Bis bald!*
A la semaine prochaine ! *Bis nächste Woche!*

18.1.2 de

de bezeichnet den Ausgangspunkt oder die Herkunft.

Tu viens **d'où** ? **De** Strasbourg. *Woher kommst du? Aus Straßburg.*
Nous sortons **de** la maison. *Wir kommen aus dem Haus heraus.*

18.1.3 Präpositionen mit de

à côté de	**à côté de** la maison *neben dem Haus*
près de	**près du** restaurant *in der Nähe vom Restaurant*
loin de	**loin de** toi *weit von dir*
en face de	**en face des** Tuileries *gegenüber von les Tuileries*
à gauche de	**à gauche de la** cathédrale *links von der Kathedrale*
à droite de	**à droite du** musée *rechts vom Museum*
au milieu de	**au milieu de** la place *in der Mitte vom Platz*
en haut de	**en haut de** la montagne *oben auf dem Berg*
en bas de	**en bas de** l'avenue *unten auf der Hauptstraße*
au-dessus de	**au-dessus de** la mer *oberhalb vom Meer*
au-dessous de	**au-dessous du** genou *unterhalb vom Knie*

Erinnern Sie sich an die zweite Verschmelzung mit de?

le restaurant → **près du** restaurant
les Tuileries → **en face des** Tuileries

de + le → du
de + les → des

De Reims **à** Paris, il y a 200 km. *Von Reims bis Paris sind es 200 km.*
De chez moi **au** métro, je mets 5 mn. *Von mir bis zur U-Bahn brauche ich 5 Min.*

de … à bezeichnet die Distanz von einem Punkt zum anderen.
Und zur besseren Orientierung hier noch vier nützliche adverbiale Ausdrücke:

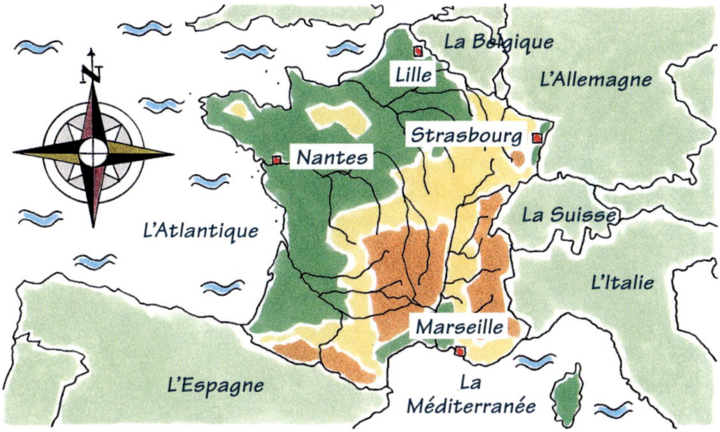

au sud de	*südlich*	à l'ouest de	*westlich*
au nord de	*nördlich*	à l'est de	*östlich*

18.1.4 Präpositionen bei Stadt und Land

	où *wo?*	**où** *wohin?*	**d'où** *woher?*
Fem.	**à** Marseille **en** Allemagne	**à** Marseille **en** Allemagne	**de** Marseille **d'** Allemagne
Mask.	**au** Canada	**au** Canada	**du** Canada
Pl.	**aux** Etats-Unis	**aux** Etats-Unis	**des** Etats-Unis

Bei Städten und Ländernamen, die im Deutschen mit der Präposition *in* (wo?) oder *nach* (wohin?) stehen, finden wir im Französischen folgende Präpositionen:

- bei Städten à bzw. de für die Herkunft,
- vor femininen oder mit Vokal beginnenden Länder- und Regionennamen en bzw. de (d') für die Herkunft,
- vor maskulinen und mit Konsonant beginnenden Ländernamen au (à + le) bzw. du (de + le) für die Herkunft,
- vor Ländernamen im Plural aux bzw. des (de + les) für die Herkunft.

Neunzig Prozent der Ländernamen sind weiblich.

Im Französischen unterscheiden wir nicht zwischen *wo* und *wohin*. Für Ort und Richtung werden dieselben Präpositionen benutzt.

Elle est **à** Bruxelles.	**à**	Elle va **à** Bruxelles.
Sie ist in Brüssel.		*Sie fährt nach Brüssel.*
Elle est **chez** des amis.	**chez**	Elle va **chez** des amis.
Sie ist bei Freunden.		*Sie geht zu Freunden.*

Nun ist es höchste Zeit zu üben!

Übung 35
Ergänzen Sie die Sätze mit den passenden Präpositionen:

a) Pierre est .... la plage.
a. dans b. à c. sous

b) La boulangerie est .... la pharmacie.
a. en face de b. en face c. en face à

c) La semaine prochaine, nous allons .... Madrid.
a. à b. en c. dans

d) Pour aller .... la maison .... bureau, je prends mon vélo.

a. de .... à

b. de .... jusqu'au

c. de .... au

e) Bruxelles est .... Belgique.
a. au b. en c. dans

f) Ce soir, nous allons manger .... des amis.
a. pour b. près c. chez

g) C'était une très bonne soirée. Bon retour et

.... demain !
a. à b. en c. jusqu'à

18.2 Zeitliche Beziehungen
oder ***Wann war das?***

Die wichtigsten Zeitbegriffe:

Le cours commence **à** 18 heures. *Der Kurs fängt um 18 Uhr an.*
Ils travaillent **de** 8 heures **à** midi. *Sie arbeiten von 8 bis 12 Uhr.*
Je rentre à la maison **vers** 7 heures. *Ich komme gegen 7 Uhr nach Hause.*
Avant le dîner, je dois appeler ma sœur. *Vor dem Abendessen muss ich meine Schwester anrufen.*
Après le sport, on va prendre un verre. *Nach dem Sport gehen wir einen trinken.*
Il y a 5 ans, je suis arrivée à Paris. *Vor 2 Jahren bin ich nach Paris gekommen.*
Depuis 10 ans, je vis à Hambourg. *Ich lebe seit 10 Jahren in Hamburg.*
Pendant 6 ans, j'ai habité à Toulouse. *Ich habe (während) 6 Jahre(n) in Toulouse gewohnt.*
Dans 2 mois, je partirai en Amérique du Sud. *In 2 Monaten werde ich nach Südamerika gehen.*
Avec le TGV, on fait Paris-Lyon **en** 2 heures. *Mit dem TGV ist Paris-Lyon in (innerhalb von) 2 Stunden zu bewältigen.*

Um es auf den Punkt zu bringen:
- il y a bezeichnet *einen fixen Punkt in der Vergangenheit*,
- depuis bezeichnet eine *unvollendete Handlung mit Ausgangspunkt in der Vergangenheit*,
- dans bezeichnet einen *Punkt in der Zukunft*,
- pendant bezeichnet *eine begrenzte Zeitdauer*,
- en drückt die *nötige Zeit* zur *Durchführung* einer Handlung aus.

Beachten Sie:

Il y a 5 ans **que** je suis arrivée à Paris. = **Ça fait** 5 ans **que** je suis arrivée à Paris. *Es ist 5 Jahre her, dass ich nach Paris gekommen bin.*

il y a … que oder ça fait … que verwendet man, wenn man die Dauer hervorheben möchte.

vor entspricht im Französischen drei verschiedenen Begriffen:

devant le restaurant	*vor dem Restaurant* (örtlich)
avant le déjeuner	*vor dem Frühstück* (zeitlich)
il y a 2 heures	*vor 2 Stunden* (zeitlich)
(nicht ~~avant~~ 2 heures)	

Verwechseln Sie nicht devant (*vor* – örtlich), avant (*vor* – zeitlich) und il y a (Angabe eines Zeitpunktes, der in der Vergangenheit liegt)!

Was ist nun mit pour? Vergleichen Sie:

(1) Nous partons en vacances **pour** une semaine. *Wir fahren eine Woche in Urlaub.*
(2) Nous sommes partis **pendant** une semaine. *Wir sind eine Woche weggefahren.*

Deutsche sind geneigt, die Präposition pour anstelle von pendant zu verwenden. Pour (1) bezeichnet eine voraussichtliche Dauer in der Zukunft, während pendant (2) eine tatsächliche Dauer ausdrückt.

Le 2 mai, c'est mon anniversaire. *Mein Geburtstag ist der 2. Mai.*
Cette année, nous prenons nos vacances **en** janvier ou **en** février. *Dieses Jahr nehmen wir unseren Urlaub im Januar oder im Februar.*
En automne, j'aime me promener dans les bois. *Im Herbst gehe ich gern im Wald spazieren.*
En hiver, je fais du ski. *Im Winter fahre ich Ski.*
Au printemps, tout est en fleurs. *Im Frühling blüht alles.*
En été, on se baigne dans les lacs. *Im Sommer baden wir in den Seen.*

Übung 36
Setzen Sie die richtige Präposition ein:

il y a depuis pendant en pour à dans

a) .... 3 jours, il pleut sans arrêt.

b) Le TGV fait Paris-Lyon .... 2 heures.

c) .... quelle heure avons-nous rendez-vous ?

d) .... une semaine, j'ai rendez-vous chez le dentiste.

e) .... 15 jours, je partirai à Prague .... deux mois.

f) .... six mois, j'ai fait la connaissance de Philippe.

g) .... la journée, il fait super chaud, ... la nuit, il fait froid.

19 Subjonctif oder *Wünsche, Gefühle, Meinungen*

Ich muss die französische Grammatik lernen!

Ein wichtiger Modus im Französischen ist neben dem Indikativ der Subjonctif. Er darf nicht mit dem deutschen *Konjunktiv* verwechselt werden, da er generell in ganz anderen Zusammenhängen verwendet wird. Der Subjonctif wird im Französischen für eine Willensäußerung, einen Wunsch, eine persönliche Stellungnahme, aber auch eine Möglichkeit, einen Zweifel verwendet. Deshalb steht er automatisch nach bestimmten Ausdrücken, sogenannten Auslösern, die den Subjonctif verlangen, z. B. il faut que.

Il faut que j'aille chez le médecin. *Ich muss zum Arzt gehen.*

Kommt das Subjonctif überhaupt noch in der gesprochenen Sprache vor? Die Antwort ist eindeutig: ja. Der Subjonctif wird sowohl in der gesprochenen als auch in der geschriebenen Sprache benutzt.

19.1 Subjonctif Präsens
oder ***Dass sie morgen kommt …***

	Verben mit einem Pluralstamm	Verben mit zwei Pluralstämmen
	partir *weggehen*	**venir** *kommen*
que je	part**e**	vienn**e**
que tu	part**es**	vienn**es**
qu'il/elle/on	part**e**	vienn**e**
que nous	parti**ons**	veni**ons**
que vous	parti**ez**	veni**ez**
qu'ils/elles	part**ent**	vienn**ent**

Bildung des Subjonctif présent:

Verben mit einem Pluralstamm:
1. Nehmen Sie die 3. Person Plural des Indikativ Präsens: ils part**ent** →
2. Endung -ent fällt weg,
3. fügen Sie die Endungen hinzu: -e, -es, -e, -ions, -iez, -ent.

Verben mit zwei Pluralstämmen:
Verben, die in der *1. und 2. Person Plural* des Indikativ Präsens einen anderen Stamm als in der 3. Person Plural haben, behalten ihn in der 1. und 2. Person des Subjonctif Präsens. Die anderen Personen sind regelmäßig.

Einige Beispiele:

Indikativ Präsens		→	**Subjonctif présent**	
acheter *kaufen*				
nous	**achet**ons	→	nous	**achet**ions, vous **achet**iez
ils	**achèt**ent	→	j'	**achèt**e, tu **achèt**es,
prendre *nehmen*				il **achèt**e, ils **achèt**ent.
nous	**pren**ons	→	nous	**pren**ions, vous **pren**iez
ils	**prenn**ent	→	je	**prenn**e, tu **prenn**es,
				il **prenn**e, ils **prenn**ent.

⚡ Der Subjonctif steht fast ausschließlich in Nebensätzen mit que, daher wird er durch ein vorausgehendes que gekennzeichnet, aber umgekehrt lösen nicht alle Sätze mit que den Subjonctif aus.

Il écrit que Sophie **vient** demain. *Er schreibt, dass Sophie morgen kommt.*

Sonderformen:

	aller *gehen*	**vouloir** *wollen*
que j'/je	aille	veuille
que tu	ailles	veuilles
qu'il/elle/on	aille	veuille
que nous	allions	voulions
que vous	alliez	vouliez
qu'ils/elles	aillent	veuillent

Diese beiden Verben haben im Singular einen unregelmäßigen Stamm, aber in der 1. und 2. Person Plural werden sie vom Präsens abgeleitet.

Außer aller und vouloir sind lediglich folgende Verben unregelmäßig:

falloir *müssen*	qu'il faille
faire *machen*	que je fasse, que tu fasses …
pleuvoir *regnen*	qu'il pleuve
pouvoir *können*	que je puisse, que tu puisses …
savoir *wissen*	que je sache, que tu saches …

Und natürlich wieder être und avoir:

	être *sein*	**avoir** *haben*
que j'/je	sois	aie
que tu	sois	aies
qu'il/elle/on	soit	ait
que nous	soyons	ayons
que vous	soyez	ayez
qu'ils/elles	soient	aient

19.2 Subjonctif Perfekt oder *Dass er Schluss gemacht hat …*

	finir *beenden*		**venir** *kommen*	
que j'/je	aie	fini	sois	venu(e)
que tu	aies	fini	sois	venu(e)
qu'il/elle/on	ait	fini	soit	venu(e)(s)
que nous	ayons	fini	soyons	venu(e)s
que vous	ayez	fini	soyez	venu(e)(s)
qu'ils/elles	aient	fini	soient	venu(e)s

Der Subjonctif passé wird mit dem Subjonctif von avoir oder être und dem Partizip Perfekt des jeweiligen Verbs gebildet. Für die Wahl von avoir oder être und die Veränderlichkeit des Partizips gelten die gleichen Regeln wie beim Perfekt.

Der Imparfait und Plus-que-parfait des Subjonctif gehören heute vorwiegend zum Bereich der gehobenen Sprache bzw. der Schriftsprache und werden daher hier nicht behandelt.

Gebrauch

Wie schon erwähnt, muss der Subjonctif nach bestimmten Ausdrücken stehen. Der bekannteste Auslöser ist il faut que. Die folgenden Listen sind nicht vollständig. Im Zweifelsfall können Sie ein Wörterbuch zurate ziehen. Ausdrücke, die den Subjonctif benötigen, werden dort hervorgehoben.

Der Subjonctif steht nach Verben und Ausdrücken:

1. der Willensäußerung (Wunsch, Befehl, Verbot, Einverständnis etc.), zum Beispiel:

vouloir que	*wollen*	**aimer que**	*gern haben*
proposer que	*vorschlagen*	**souhaiter que**	*wünschen*
demander que	*verlangen*	**exiger que**	*fordern*
défendre que	*verbieten*	**interdire que**	*verbieten*

J'aimerais que tu **sois** là demain. *Ich möchte gern, dass du morgen da bist.*

Ausnahme: Nach espérer que steht der *Indikativ.*

J'espère que tu es guéri maintenant. *Ich hoffe, du bist jetzt gesund.*

2. der Gefühlsäußerung (Zufriedenheit, Bedauern, Trauer etc.) und der persönlichen Stellungnahme (Zustimmung, Ablehnung, Zweifel etc.), zum Beispiel:

être content que	*sich freuen*	**être satisfait**	*zufrieden sein*
être triste que	*traurig sein*	**regretter que**	*bedauern*
avoir peur que	*Angst haben*	**craindre que**	*befürchten*
douter que	*zweifeln*	**être déçu que**	*enttäuscht sein*

Nous sommes contents que tu **ailles** bien. *Wir freuen uns, dass es dir gut geht.*

Nach *bejahten* Verben des *Sagens und Denkens* steht der *Indikativ.* In der *verneinten Form* kann man den Indikativ verwenden, aber in der geschriebenen Sprache wird in der Regel der Subjonctif benutzt.

croire que	*glauben*
penser que	*denken*
imaginer que	*sich etwas vorstellen*
Je crois qu'il **est** fâché.	*Ich glaube, er ist böse.*
aber:	
Je ne ne crois pas qu'il **soit** fâché.	*Ich glaube nicht, dass er böse ist.*

3. nach unpersönlichen Ausdrücken der Willensäußerung, Gefühlsäußerung und persönlicher Stellungnahme:

il faut que …	*man muss*
il est temps que …	*es ist Zeit*
il est important que …	*es ist wichtig*
il est possible que …	*es ist möglich*
il est nécessaire que …	*es ist notwendig*
c'est bien que …	*es ist gut*
c'est dommage que …	*es ist schade*
il vaut mieux que …	*es ist besser*
Il faut que tu **viennes.**	*Du musst kommen.*
C'est bien qu'il ne **soit** pas là.	*Es ist gut, dass er nicht da ist.*

Oft wird anstelle von il est + *Adjektiv* c'est + *Adjektiv* verwendet, besonders in der gesprochenen Sprache.

Ausnahmen:
Nicht alle unpersönlichen Ausdrücke lösen den Subjonctif aus. Wendungen, die eine gewisse Sicherheit ausdrücken, lösen in der bejahten Form den *Indikativ* aus.

c'est certain que	*es ist sicher*
c'est clair que	*es ist klar*
c'est évident que	*es ist deutlich*
c'est exact que	*es stimmt*
c'est sûr que	*es ist sicher*
c'est vrai que	*es ist wahr*
Je suis certaine qu'il comprend.	*Ich bin sicher, dass er (es) versteht.*
aber:	
Je ne suis pas certaine qu'il comprenne.	*Ich bin nicht sicher, dass er (es) versteht.*

4. nach bestimmten Konjunktionen:

bien que	*obwohl*	**malgré que**	*obwohl*
sans que	*ohne dass*	**avant que**	*bevor*
pour que	*damit*	**afin que**	*damit*
pourvu que	*vorausgesetzt, dass*	**de peur que**	*aus Angst, dass*
de sorte que	*sodass*	**jusqu'à ce que**	*bis dass*

Je travaille toute la journée **pour que** nous **sortions** ce soir. *Ich arbeite den ganzen Tag, damit wir heute Abend ausgehen (können).*

Ausnahmen:

alors que	*während*	pendant que	*während*

Nach après que steht in der Schriftsprache der Indikativ. In der gesprochenen Sprache steht aber ebenfalls wie bei avant que der Subjonctif.

Prägen Sie sich lieber die Ausnahmen ein. Es sind weniger …

Der Subjonctif steht nur, wenn der einleitende Satz und der que-Satz verschiedene Subjekte (1) haben. Wenn das Subjekt identisch ist (2), verwendet man eine Infinitivkonstruktion.

(1) Je voudrais que vous **fassiez** des progrès. *Ich möchte gern, dass ihr Fortschritte macht.*
(2) Je voudrais faire des progrès. *Ich möchte gerne Fortschritte machen.*

Vielleicht ist der Subjonctif noch etwas gewöhnungsbedürftig, aber er wird so oft gebraucht, dass er irgendwann zum Automatismus wird. In der folgenden Übung können Sie die Theorie in die Praxis umsetzen.

Übung 37
Setzen Sie die richtige Form des Subjonctif nach folgendem Muster ein:

J'attendrai jusqu'à ce que .... (arriver)
→ J'attendrai jusqu'à ce que vous arriviez.

a) Il faut que je .... à l'heure aujourd'hui. (être)

b) Ils proposent que nous .... un hôtel pour la nuit. (chercher)

c) Je voudrais que tu .... un kilo de tomates. (acheter)

d) C'est dommage que tu ne .... pas avec nous. (venir)

e) Il vaut mieux qu'ils n'y .... pas. (aller)

f) Je regrette qu'elle .... tellement .... (avoir changé)

g) On fait les courses aujourd'hui pour que tu .... la tarte demain matin. (faire)

h) Il faut que vous .... de la patience pour apprendre le subjonctif. (avoir)

20 Passiv
oder *Das wird gelernt*

In der Nähe von Paris wurde ein UFO beobachtet.

Sind Sie lieber aktiv oder passiv? Es kommt darauf an, mal so, mal so …? Genau so ist die Grammatik. Je nach (Mitteilungs-)Perspektive benutzt man Aktiv oder Passiv. Der Passivsatz erlaubt uns, den Urheber einer Handlung zu verschweigen oder ihn – im Gegenteil (durch die Stellung am Satzende) – hervorzuheben.

20.1 Bildung des Passivs
oder ***So wird's gemacht***

Aktiv	La maison **offre** le champagne.	*Das Haus bietet Champagner an.*
Passiv	Le champagne **est offert** par la maison.	*Der Champagner wird vom Haus angeboten.*

Das Passiv wird gebildet, indem das direkte Objekt eines Satzes zum Subjekt wird. Das Subjekt des Aktivsatzes (*der Urheber*) wiederum wird in einem klassischen Passivsatz als Ergänzung mit **par** angeschlossen.

observer *beobachten*					
Präsens			Perfekt		
je	suis	observé(e)	j'	ai	été observé(e)
tu	es	observé(e)	tu	as	été observé(e)
il/elle/on	est	observé(e)(s)	il/elle/on	a	été observé(e)(s)
nous	sommes	observé(e)s	nous	avons	été observé(e)s
vous	êtes	observé(e)(s)	vous	avez	été observé(e)(s)
ils/elles	sont	observé(e)s	ils/elles	ont	été observé(e)s
ich werde beobachtet			*ich bin beobachtet worden oder ich wurde beobachtet*		
du wirst beobachtet …			*du bist beobachtet worden …*		

Die Passivform besteht aus dem Verb **être** in der entsprechenden Zeit und dem Partizip des jeweiligen Verbs. Das Partizip richtet sich in Geschlecht und Zahl nach dem Subjekt.

Das Passiv kommt genauso wie die Aktivform in allen Zeiten vor:

j'**étais observé(e)**	Imperfekt
je **serai observé(e)**	Futur
je **serais observé(e)**	Konditional
Il faut que je **sois observé(e)**	subjonctif

20.2 Gebrauch des Passivs oder *Urheber wichtig?*

Man unterscheidet zwei Typen von Passivsätzen:

1. Du beau temps **est annoncé** pour demain. *Für morgen wird schönes Wetter angesagt.*
   Le match **a été retransmis** sur toutes les chaînes. *Das Spiel wurde auf allen Sendern übertragen.*
   Ses bijoux de valeur lui **ont été dérobés.** *Ihr wertvoller Schmuck wurde ihr gestohlen.*

Der *Urheber* wird gar nicht genannt, weil er selbstverständlich, unwichtig oder unbekannt ist.

2. Le champagne **est offert** par la maison. *Der Champagner wird vom Haus spendiert.*
   Elle **a été félicitée** par tous ses amis. *Sie wurde von allen ihren Freunden beglückwünscht.*
   Le film **sera suivi** d'un débat. *Auf den Film wird eine Debatte folgen.*

In diesen Mitteilungen ist der *Urheber* der Schwerpunkt der Aussage und wird durch seine Stellung am Ende des Satzes hervorgehoben. Er wird meistens mit par, bei bestimmten Partizipien mit de, angeschlossen.

⇄ Anders als im Deutschen findet man das Passiv im Französischen nicht so oft. Es wird hauptsächlich in der Schriftsprache, z. B. in Zeitungsartikeln, verwendet. In Zeitungsüberschriften findet man oft eine verkürzte Form:

Deux touristes allemands **retrouvés** morts après 5 jours de recherche. (= ont été retrouvés) *Zwei deutsche Touristen wurden nach 5 Tagen Ermittlung tot aufgefunden.*

In der *gesprochenen Sprache* werden andere Wendungen bevorzugt:

Umschreibung durch on:

On a fait une enquête. *Man hat eine Umfrage durchgeführt.*
On a construit un nouveau pont. *Man hat eine neue Brücke gebaut.*
Hier soir, **on** a beaucoup ri. *Gestern Abend haben wir viel gelacht.*

Umschreibung durch Reflexivverben:

Cette robe **se porte** sans ceinture. *Dieses Kleid wird ohne Gürtel getragen/Dieses Kleid trägt man ohne Gürtel.*
Comment ça **s'écrit** ? *Wie wird das geschrieben?/Wie schreibt man das?*
La maison **se voit** de loin. *Das Haus wird von weit her gesehen.*
Je **me suis fait mordre** par un chien. *Ich bin von einem Hund gebissen worden.*

Im Französischen können fast alle Verben mit direktem Objekt eine Reflexivform mit passivischer Bedeutung annehmen. Im Deutschen steht entweder ein Passivsatz oder ein Satz mit *man*.

Genug der *Passivität*. Jetzt wird *aktiv* geübt …

Übung 38

Antworten Sie auf folgende Fragen im Passiv mit der in Klammern angegebenen Antwort nach folgendem Muster. Achten Sie dabei auf die Angleichung des Partizips und darauf, ob par gebraucht wird oder nicht:

Quand est-ce que la Tour Eiffel a été construite ? (en 1889)

→ *La Tour Eiffel a été construite en 1889.*

a) Par qui a été créé le « parfum no 5 » ? (Coco Chanel)

....

b) Quel phénomène naturel a été observé en août 1999 ? (une éclipse de Soleil)

....

c) Par qui a été peint le plafond de l'Opéra Garnier à Paris ? (Marc Chagall)

....

d) Par qui a été écrit le roman « Bonjour tristesse » ? (Françoise Sagan)

....

e) Où sont fabriquées les montres « Cartier » ? (en Suisse)

....

f) Par qui a été composé « Rigoletto » ? (Verdi)

....

g) En quelle année a été ouvert le canal sous la Manche ? (en 1994)

....

h) Par qui a été tourné le film « Marius et Jeannette » ? (Robert Guédiguian)

....

21 Gerund
oder *Alles auf einmal*

Ich kann arbeiten und gleichzeitig mein Kind hüten und Essen kochen.

Wir nähern uns so langsam dem Ende unserer Entdeckungsreise durch die französische Grammatik. Das Gérondif müssen wir noch erkunden. Das ist eine Verbform, die es im Deutschen nicht gibt, aber sie ist sehr nützlich, um sich auf einfache Weise elegant auszudrücken. Das klingt viel versprechend, oder? Vor allem ist es wirklich nicht schwer. Also, Sie können dieses Kapitel ganz entspannt angehen.

téléphoner *anrufen*	finir *beenden*	entendre *hören*
nous **téléphon**ons	nous **finiss**ons	nous **entend**ons
→ en téléphonant	**→ en finissant**	**→ en entendant**

Bildung des Gérondif:

1. Nehmen Sie (wie beim Imperfekt) die 1. Person Plural des Präsens,
2. Endung -ons fällt weg,
3. fügen Sie die Endung -ant an,
4. stellen Sie die Präposition en voran.

Weitere Beispiele:

boire *trinken*:	nous buvons	→ **en buvant**
écrire *schreiben*:	nous écrivons	→ **en écrivant**
faire *machen*:	nous faisons	→ **en faisant**
lire *lesen*:	nous lisons	→ **en lisant**
prendre *nehmen*:	nous prenons	→ **en prenant**
voir *sehen*:	nous voyons	→ **en voyant**

Sonderformen:

Es sind lediglich 3 Verben, die eine Sonderform haben.

avoir *haben*	être *sein*	savoir *wissen*
en ayant	**en étant**	**en sachant**

Das Gérondif ist unveränderlich. Es kann in Verbindung mit Verben in allen Zeitformen stehen. Der Hauptsatz bestimmt, wer das Subjekt ist und wann die Handlung stattfindet.

Hauptsatz:

	je me **sens** toujours bien. (1)
En venant	j'**ai rencontré** Michel, le pharmacien. (2)
chez toi,	j'**étais** toute contente. (3)
	je **ferai** les courses. (4)
	je **pourrais** passer chez le pharmacien. (5)

(1) *Wenn ich zu dir komme, fühle ich mich immer wohl.*
(2) *Als ich zu dir kam, habe ich Michel, den Apotheker, getroffen.*
(3) *Als ich zu dir kam, war ich sehr glücklich.*
(4) *Wenn ich zu dir komme, gehe ich (gleichzeitig) einkaufen.*
(5) *Wenn ich zu dir käme, könnte ich beim Apotheker vorbeischauen.*

Gebrauch

Das Gérondif wird sowohl in der geschriebenen als auch in der gesprochenen Sprache verwendet. Es wird in folgenden Situationen benutzt:

1. Il travaille **en écoutant** de la musique. *Er arbeitet und hört dabei Musik.*
   En téléphonant à ma sœur, j'ai fait la cuisine. *Ich habe gekocht und gleichzeitig mit meiner Schwester telefoniert.*

Das Gérondif drückt die *Gleichzeitigkeit* zweier Vorgänge aus. Das ist die Hauptverwendung des Gérondif.

2. **En prenant** l'autoroute, vous irez plus vite. (= si vous prenez) *Wenn Sie auf der Autobahn fahren, werden Sie schneller sein.*
   En acceptant cette offre, tu serais tranquille. *Wenn du dieses Angebot annehmen würdest, hättest du deine Ruhe.*

Das Gérondif drückt eine *Bedingung* aus. Es kann für einen Konditionalsatz mit si stehen.

3. J'ai trouvé une offre très intéressante, **en lisant** les petites annonces. *Beim Lesen der Kleinanzeigen habe ich ein sehr interessantes Angebot gefunden.*
   En voulant aller trop vite, nous avons fait une erreur. *Weil wir zu schnell sein wollten, haben wir einen Fehler gemacht.*

Das Gérondif bezeichnet hier die *Art und Weise*, wie etwas geschieht.

ϟ Das Gérondif kann nur Adverbialsätze vertreten, die das gleiche Subjekt haben:

En faisant les courses, j'ai pensé à mon projet de déménager. = Quand **j'**ai fait les courses ce matin, **j'**ai pensé à mon projet de déménager. *Als ich heute früh beim Einkaufen war, habe ich an meine Absicht gedacht, umzuziehen.*

Aber beim folgenden Satz ist das Gérondif nicht möglich:

Quand **je** suis arrivée au marché, **les marchands** démontaient leurs stands. *Als ich auf den Markt ankam, waren die Händler dabei, ihre Stände abzubauen.*

⚡ Wenn das Verb reflexiv ist, müssen Sie das Reflexivpronomen verwenden, das dem Subjekt entspricht:

En **me** promenant, **j'ai** vu une très jolie maison. *Beim Spazierengehen habe ich ein sehr schönes Haus gesehen.*
En **nous** promenant, **nous** avons vu une très jolie maison. *Beim Spazierengehen haben wir ein sehr schönes Haus gesehen.*
En **se** promenant, **ils** ont vu une très jolie maison. *Beim Spazierengehen haben sie ein sehr schönes Haus gesehen.*

Das Gérondif kann durch tout *ganz* verstärkt werden. Diese Verstärkung dient zur Betonung der Gleichzeitigkeit zweier Handlungen, wobei zum Ausdruck gebracht wird, dass sie nicht unbedingt zusammenpassen.

Il l'écoute **tout en continuant** à écrire. *Er hört ihr zu, wobei er weiterschreibt.*
Serge téléphone **tout en conduisant**. *Serge telefoniert, während er fährt.*

Wenn zwei Gérondif aufeinanderfolgen, muss das en wiederholt werden.

Nous avons marché dans la campagne **en riant** beaucoup et **en discutant**. *Wir sind durch das Land gewandert und haben gelacht und geredet.*

Und nun kommt wieder eine Übung. Stellen Sie sich vor, Sie haben einen sehr neugierigen Nachbarn, der alles wissen möchte. Er stellt viele Fragen, Sie antworten.

Übung 39

Verwandeln Sie die Infinitivform in Klammern nach folgendem Muster:

Comment est-ce que Monsieur Duchamps a trouvé son nouvel appartement ? (parler avec des amis)

→ *En parlant avec des amis.*

a) Comment est-ce que Monsieur Goulu est devenu millionnaire ? (avoir une idée géniale en informatique)

b) Comment est-ce que la petite Le Guen a réussi son bac ? (copier sur sa voisine)

c) Comment est-ce que Madame Moury a fait pour oublier son chagrin d'amour ? (sortir et s'amuser)

d) Comment est-ce que Monsieur Legrand est devenu alcoolique ? (boire pour oublier ses soucis)

e) Comment est-ce que Hildegard a appris le français ? (voyager)

f) Comment est-ce qu'Ilka a compris le gérondif ? (faire l'exercice)

22 Zahlen
oder ***Zählen und bezahlen***

Ich bin schon zwölf. – Das macht dann fünf Euro neunundneunzig.

Oh, là, là! Die Zahlen … Sie machen uns viel Kopfzerbrechen. Im Französischen sind sie zum Teil besonders ausgefallen. 80 = quatre-vingts (*viermal zwanzig*)! Aber warum es so ist, sollen Sie im Laufe des Kapitels erfahren. Bis dahin viel Spaß – und nehmen Sie das Zahlenlernen eher als Spiel!

22.1 Grundzahlen
oder ***Eins, zwei oder drei …***

1	un (une)	7	sept
2	deux	8	huit
3	trois	9	neuf
4	quatre	10	dix
5	cinq	11	onze
6	six	12	douze

13	treize	74	soixante-quatorze
14	quatorze	75	soixante-quinze
15	quinze	76	soixante-seize
16	seize	77	soixante-dix-sept
17	dix-sept	78	soixante-dix-huit
18	dix-huit	79	soixante-dix-neuf
19	dix-neuf	80	quatre-**vingts**
20	vingt	81	**quatre-vingt-un**
21	vingt **et** un(e)	82	quatre-vingt-deux
22	vingt-deux	83	quatre-vingt-trois
23	vingt-trois	84	quatre-vingt-quatre
24	vingt-quatre	85	quatre-vingt-cinq
25	vingt-cinq	86	quatre-vingt-six
26	vingt-six	87	quatre-vingt-sept
27	vingt-sept	88	quatre-vingt-huit
28	vingt-huit	89	quatre-vingt-neuf
29	vingt-neuf	90	**quatre-vingt-dix**
30	trente	91	quatre-vingt-onze
31	trente **et** un(e)	92	quatre-vingt-douze
32	trente-deux	93	quatre-vingt-treize
40	quarante	94	quatre-vingt-quatorze
41	quarante **et** un(e)	95	quatre-vingt-quinze
42	quarante-deux	96	quatre-vingt-seize
50	cinquante	97	quatre-vingt-dix-sept
51	cinquante **et** un(e)	98	quatre-vingt-dix-huit
52	cinquante-deux	99	quatre-vingt-dix-neuf
60	soixante	100	cent
61	soixante **et** un(e)	101	cent un(e)
62	soixante-deux	102	cent deux
70	**soixante-dix**	200	deux **cents**
71	soixante **et** onze	201	deux **cent** un
72	soixante-douze	202	deux **cent** deux
73	soixante-treize	1 000	mille

2000	deux mille	2000000	deux millions
1000000	un million		

- Bei 21, 31, 41, 51, 61 und 71 wird et verwendet, bei 81 und 91 dagegen nicht.
- Bei quatre-vingts und nach den vollen Hunderten (deux cents, trois cents) fällt das -s weg, wenn eine weitere Zahl folgt.
- mille ist unveränderlich: trois mille.

ϟ Die Belgier und Schweizer sind da vernünftiger: Im französischsprachigen Teil der Schweiz und in Belgien sind statt

soixante-dix 70	→	**septante** und statt
quatre-vingt-dix 90	→	**nonante** üblich.
quatre-vingts 80	→	**huitante** kommt nur in der Schweiz vor.
	→	**octante** kommt manchmal in Belgien vor.

soixante-dix 70, quatre-vingts 80 und quatre-vingt-dix 90 sind die Überbleibsel einer früheren Zählweise. Im Mittelalter war es in Frankreich üblich, in „Zwanzigern“ zu zählen (wahrscheinlich keltischer Ursprung). Beispielsweise hieß es « vint et dis » 30, « deux vins » 40, « trois vins » 60 etc. Heute existiert noch immer in Paris « L'hôpital des Quinze-Vingts », *„Das Fünfzehn-Zwanzig-Krankenhaus“*, das von Saint-Louis für 300 Blinde (15 x 20) gegründet wurde.

Es existieren viele Redewendungen mit Zahlen. Nach so viel Zählerei haben Sie sich einige nette Beispiele verdient.

Il était moins **une**. *Es hätte nicht mehr viel gefehlt.*
C'est clair comme **deux** et **deux** font quatre. *Es ist sonnenklar.*
Il est haut comme **trois** pommes. *Er ist ein Dreikäsehoch.*
Elle mange comme **quatre**. *Sie isst für drei.*

22.2 Ordnungszahlen
oder ***Erster, Zweiter, Dritter***

1er	**premier**	20e	vingtième
1ère	**première**	21e	vingt et unième
2e	deuxième	22e	vingt-deuxième
3e	troisième	70e	soixante-dixième
4e	quatrième	71e	soixante et onzième
5e	cinquième	80e	quatre-vingtième
6e	sixième	81e	quatre-vingt-unième
7e	septième	90e	quatre-vingt-dixième
8e	huitième	91e	quatre-vingt-onzième
9e	neuvième	100e	centième
10e	dixième	101e	cent et unième
11e	onzième	1000e	millième
12e	douzième	1001e	mille et unième
13e	treizième	usw.	

Zur Bildung der Ordnungszahlen wird -ième an die Grundzahlen angehängt.

Ausnahmen:
le premier – *der Erste*, la première – *die Erste*.

22.3 Datum
oder ***Heute ist der ...***

On est le combien aujourd'hui ?
On est le **le premier mars.**
Nous sommes le combien aujourd'hui ?
Nous sommes **le deux avril.**
C'est le combien aujourd'hui ?
C'est **le dix-huit août.**
Heute haben wir den ersten März, den zweiten April, den achtzehnten August.

⇆ Bei *Datumsangaben* wird im Gegensatz zum Deutschen die *Grundzahl* verwendet: le **deux** avril (2 avril), le **dix-huit** août (18 août).
Der *erste Tag des Monats* aber wird mit der *Ordnungszahl* angegeben.
le **premier** mars (1er mars).

22.4 Bruchzahlen
oder ***Ein Drittel, neun Zehntel ...***

Un **tiers** de la ville a été détruit. *Ein Drittel der Stadt wurde zerstört.*
Il passe **les trois quarts** du temps à dormir. *Er verbringt drei Viertel der Zeit mit Schlafen.*

1/2	**un demi**	2/3	**deux tiers**
1/3	**un tiers**	3/4	**trois quarts**
1/4	**un quart**	2/5	deux cinquièmes
1/5	un cinquième	9/10	neuf dixièmes
1/6	un sixième usw.	30 %	trente pour cent

Die *drei ersten Bruchzahlen* haben eine *Sonderform*. Ab 5 hat der Nenner die gleiche Form wie die Ordnungszahlen.

Das Wort demi(e) wird – je nach Stellung – verschieden geschrieben.

une **demi**-baguette		**un** an et **demi**
deux **demi**-baguettes	aber	**une** baguette et **demie**
		deux baguettes et **demie**

Wenn demi *ein Halbes* vorangestellt wird, ist es unveränderlich; wenn es nachgestellt wird, heißt es et demi *die Hälfte*, dann gleicht es sich *im Geschlecht* an das Nomen an.

22.5 Uhrzeit
oder ***Zwanzig vor neun …***

Quelle heure est-il ? – Wie spät ist es?

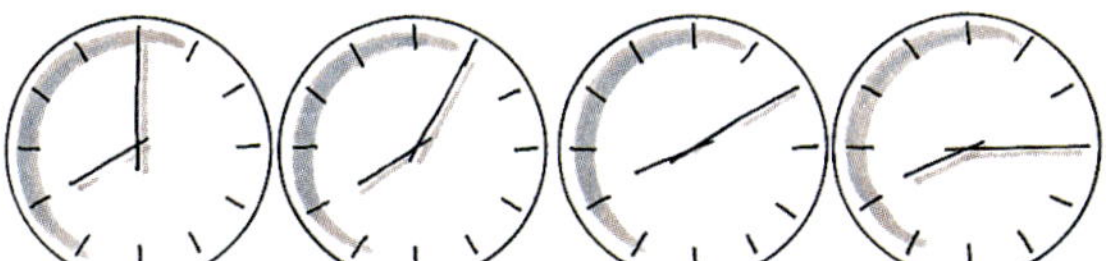

Il est huit heures. — *Il est huit heures cinq.* — *Il est huit heures dix.* — *Il est huit heures et quart.*

Il est huit heures et demie. — *Il est neuf heures moins vingt-cinq.* — *Il est neuf heures moins vingt.* — *Il est neuf heures moins le quart.*

Übung 40
Setzen Sie die Zahl in Ziffern nach folgendem Muster ein:

douze → 12

dix ....

six ....

quatorze ....

trois ....

dix-sept ....

vingt et un ....

soixante ....

trente-trois ....

quinze ....

mille sept cent quatre-vingt-huit ....

quarante ....

deux mille ....

soixante-douze ....

un demi ....

six cents ....

cinquante ....

quatre-vingt-onze ....

trois quarts ....

cinquante pour cent ....

Und jetzt die umgekehrte Übung. Es ist schwieriger, aber probieren Sie es aus!

Übung 41
Schreiben Sie die Zahlen in Worten:

13	....	50	....
31	....	69	....
15 %	....	14	....
1/3	....	100	....
26	....	92	....
7	....	1789	....
44	....	75	....
0	....		

Sie sind am Ziel angekommen. Herzlichen Glückwunsch! Sie haben tapfer durchgehalten. Nun wünsche ich Ihnen viele Gelegenheiten zum Anwenden und viel Glück dabei: Bonne chance !

Tabelle der wichtigsten unregelmäßigen Verben

Infinitiv	Präsens	Passé composé	Imparfait	Futur I
être *sein*	je suis, tu es, il/elle/on est, nous sommes, vous êtes, ils/elles sont	j'ai été, tu as été, il/elle/on a été, nous avons été, avez été, ils/elles ont été	j'étais, tu étais, il/elle/on était, nous étions, vous étiez, ils/elles étaient	je serai, tu seras, il/elle/on sera, nous serons, vous serez, ils/elles seront
avoir *haben*	j'ai, tu as, il/elle/on a, nous avons, vous avez, ils/elles ont	j'ai eu, tu as eu, il/elle/on a eu, nous avons eu, vous avez eu, ils/elles ont eu	j'avais, tu avais, il/elle/on avait, nous avions, vous aviez, ils/elles avaient	j'aurai, tu auras, il/elle/on aura, nous aurons, vous aurez, ils/elles auront

Conditionnel	Subjonctif	Plus-que-parfait	Futur II	Conditionnel passé	Subjonctif passé
je serais, tu serais, il/elle/on serait, nous serions, vous seriez, ils/elles seraient	que je sois, que tu sois, qu'il/elle/on soit, que nous soyons, que vous soyez, qu'ils/elles soient	j'avais été, tu avais été, etc.	j'aurai été, tu auras été, etc.	j'aurais été, tu aurais été, etc.	que j'aie été, que tu aies été, etc.
j'aurais, tu aurais, il/elle/on aurait, nous aurions, vous auriez, ils/elles auraient,	que j'aie, que tu aies, qu'il/elle/on ait, que nous ayons, que vous ayez, qu'ils/elles aient	j'avais eu, tu avais eu, etc.	j'aurai eu, tu auras eu, etc.	j'aurais eu, tu aurais eu, etc.	que j'aie eu, que tu aies eu, etc.

Infinitiv	Präsens	Passé composé	Imparfait
aller *gehen*	je vais, tu vas, il/elle/on va, nous allons, vous allez, ils/elles vont	je suis allé(e)	j'allais, nous allions, ils/elles allaient
s'asseoir *sich setzen*	je m'assois, nous nous asseyons, ils/elles s'assoient	je me suis assis(e)	je m'asseyais, nous nous asseyions, ils/elles s'asseyaient
boire *trinken*	je bois, nous buvons, ils/elles boivent	j'ai bu	je buvais, nous buvions, ils/elles buvaient
conduire *fahren, führen*	je conduis, nous conduisons, ils/elles conduisent	j'ai conduit	je conduisais
courir *laufen*	je cours, nous courons, ils/elles courent	j'ai couru	je courais
croire *glauben*	je crois, nous croyons, ils/elles croient	j'ai cru	je croyais
cueillir *pflücken, sammeln* ebenso: accueillir *begrüßen, empfangen*	je cueille, nous cueillons, ils/elles cueillent	j'ai cueilli	je cueillais

Futur I	Conditionnel	Subjonctif
j'irai	j'irais	que j'aille, que nous allions, qu'ils/elles aillent
je m'assoirai, (je m' assiérai)	je m'assoirais, (je m' assiérais)	que je m'assoie, que nous nous assoyions, qu'ils/elles s'assoient
je boirai	je boirais	que je boive, que nous buvions, qu'ils boivent
je conduirai	je conduirais	que je conduise
je courrai	je courrais	que je coure, que nous courions, qu'ils/elles courent
je croirai	je croirais	que je croie, que nous croyions, qu'ils/elles croient
je cueillerai	je cueillerais	que je cueille, que nous cueillions, qu'ils/elles cueillent

Infinitiv	Präsens	Passé composé	Imparfait
devoir *müssen, sollen*	je dois, nous devons, ils/elles doivent	j'ai dû	je devais
dire *sagen*	je dis, nous disons, vous dîtes, ils/elles disent	j'ai dit	je disais
écrire *schreiben*	j'écris, nous écrivons, ils/elles écrivent	j'ai écrit	j'écrivais
faire *machen*	je fais, nous faisons, vous faites, ils/elles font	j'ai fait	je faisais
falloir *müssen*	il faut	il a fallu	il fallait
lire *lesen*	je lis, nous lisons, ils/elles lisent	j'ai lu	je lisais
mettre *legen, stellen*	je mets, nous mettons, ils/elles mettent	j'ai mis	je mettais
mourir *sterben*	je meurs, nous mourons, ils/elles meurent	je suis mort(e)	je mourais
naître *geboren werden*	je nais, il/elle naît, nous naissons, ils/elles naissent	je suis né(e)	je naissais

Futur I	Conditionnel	Subjonctif
je devrai	je devrais	que je doive, que nous devions, qu'ils/elles doivent
je dirai	je dirais	que je dise, que nous disions, qu'ils/elles disent
j'écrirai	j'écrirais	que j'écrive, que nous écrivions, qu'ils/elles écrivent
je ferai	je ferais	que je fasse, que nous fassions, qu'ils/elles fassent
il faudra	il faudrait	qu'il faille
je lirai	je lirais	que je lise, que nous lisions, qu'ils/elles lisent
je mettrai	je mettrais	que je mette, que nous mettions, qu'ils/elles mettent
je mourrai	je mourrais	que je meure, que nous mourions, qu'ils/elles meurent
je naîtrai	je naîtrais	que je naisse, que nous naissions, qu'ils/elles naissent

Infinitiv	Präsens	Passé composé	Imparfait
offrir *schenken, anbieten*	j'offre, nous offrons, ils/elles offrent	j'ai offert	j'offrais
ouvrir *öffnen* ebenso: découvrir *entdecken*	j'ouvre, nous ouvrons, ils/elles ouvrent	j'ai ouvert	j'ouvrais
peindre *malen* ebenso: atteindre *erreichen*	je peins, nous peignons, ils/elles peignent	j'ai peint	je peignais
plaire *gefallen*	je plais, il/elle plaît, nous plaisons, ils/elles plaisent	j'ai plu	je plaisais
pleuvoir *regnen*	il pleut	il a plu	il pleuvait
pouvoir *können*	je peux, nous pouvons, ils/elles peuvent	j'ai pu	je pouvais

Futur I	Conditionnel	Subjonctif
j'offrirai	j'offrirais	que j'offre, que nous offrions, qu'ils offrent
j'ouvrirai	j'ouvrirais	que j'ouvre, que nous ouvrions, qu'ils/elles ouvrent
je peindrai	je peindrais	que je peigne, que nous peignions, qu'ils/elles peignent
je plairai	je plairais	que je plaise, que nous plaisions, qu'ils/elles plaisent
il pleuvra	il pleuvrait	qu'il pleuve
je pourrai	je pourrais	que je puisse, que nous puissions, qu'ils/elles puissent

Infinitiv	Präsens	Passé composé	Imparfait
prendre *nehmen* ebenso: apprendre *lernen,* comprendre *verstehen*	je prends, nous prenons, ils/elle prennent	j'ai pris	je prenais
recevoir *erhalten, empfangen*	je reçois, nous recevons, ils/elles reçoivent	j'ai reçu	je recevais
rire *lachen* ebenso: sourire *lächeln*	je ris, nous rions, ils/elles rient	j'ai ri	je riais, nous riions, ils riaient
savoir *wissen*	je sais, nous savons, ils/elles savent	j'ai su	je savais
suivre *folgen*	je suis, nous suivons, ils/elles suivent	j'ai suivi	je suivais
tenir *halten* ebenso: retenir *zurück-halten, behalten*	je tiens, nous tenons, ils/elles tiennent	j'ai tenu	je tenais

Futur I	Conditionnel	Subjonctif
je prendrai	je prendrais	que je prenne, que nous prenions, qu'ils/elles prennent
je recevrai	je recevrais	que je reçoive, que nous recevions, qu'ils/elles reçoivent
je rirai	je rirais	que je rie, que nous riions, qu'ils/elles rient
je saurai	je saurais	que je sache, que nous sachions, qu'ils/elles sachent
je suivrai	je suivrais	que je suive, que nous suivions, qu'ils/elles suivent
je tiendrai	je tiendrais	que je tienne, que nous tenions, qu'ils/elles tiennent

Infinitiv	Präsens	Passé composé	Imparfait
valoir *wert sein*	je vaux, il/elle vaut, nous valons, ils/elles valent	j'ai valu	je valais
venir *kommen* ebenso: devenir *werden,* revenir *zurückkommen,* se souvenir *sich erinnern*	je viens, nous venons, ils/elles viennent	je suis venu(e)	je venais
vivre *leben*	je vis, nous vivons, ils/elles vivent	j'ai vécu	je vivais
voir *sehen* ebenso: revoir *wiedersehen*	je vois, nous voyons, ils/elles voient	j'ai vu	je voyais
vouloir *wollen*	je veux, nous voulons, ils/elles veulent	j'ai voulu	je voulais

Futur I	Conditionnel	Subjonctif
je vaudrai	je vaudrais	que je vaille, que nous valions, qu'ils/elles vaillent
je viendrai	je viendrais	que je vienne, que nous venions, qu'ils/elles viennent
je vivrai	je vivrais	que je vive, que nous vivions, qu'ils/elles vivent
je verrai	je verrais	que je voie, que nous voyions, qu'ils/elles voient
je voudrai	je voudrais	que je veuille, que nous voulions, qu'ils/elles veuillent

Terminologie

Fachbegriff	Erklärung	Beispiel
Adjektiv	Eigenschaftswort	eine *blaue* Hose
Adverb	Umstandswort	sie gingen *langsam*
Akkusativ	4. Fall, Wen-Fall	*den Weg* kennen
Aktiv	Tätigkeitsform	ich *füttere* die Katze
Artikel	Geschlechtswort	*der* Mann, *eine* Frau
Attribut	Beifügung zur näheren Bestimmung	der Berg *dort*, die *singende* Frau, das Schlagen *der Uhr*
Dativ	3. Fall, Wem-Fall	sie glaubt *mir*
Demonstrativ-pronomen	hinweisendes Fürwort	*dieser* Junge
feminin	weiblich	*die* Bluse, *eine* Rose
Futur I	1. Zukunft	ich *werde lernen*
Futur II	2. Zukunft	ich *werde gelernt haben*
Genitiv	2. Fall, Wes-Fall	*des* Vaters, *der* Mutter, *des* Kindes
Genus	grammatisches Geschlecht	*das* Mädchen, *der* Garten
Gerundium	Verlaufsform	*schlafend*
Imperativ	Befehlsform	*gib* es *mir*!
Imperfekt	1. Vergangenheit	ich *las*, es *regnete*
Indefinitpronomen	unbestimmtes Fürwort	*jeder*, *einige*, *irgendein*
Indikativ	Wirklichkeitsform	wir *lernen*, du *kamst*
indirekte Rede	wiedergegebene Rede	*Er sagte, er sei zu Hause.*
Infinitiv	Grundform des Verbs	*spielen*, *reden*
Interrogativ-pronomen	Fragefürwort	*wer*, *wo*
intransitiv	Verb ohne direktes Objekt	ich *telefoniere*
Kardinalzahl	Grundzahl	*ein*, *zwei*, *drei*

Fachbegriff	Erklärung	Beispiel
Kasus	Fall	Nominativ, Genitiv, Dativ, Akkusativ
Komparativ	1. Steigerungsstufe des Adjektivs oder Adverbs	ein *schöneres* Auto, sie fuhren *schneller*
Konditional	Bedingungsform	ich *würde* kommen
Konjugation	Beugung des Verbs	ich *fahre*, du *fährst*
Konjunktion	Bindewort	wir aßen *und* tranken
Konjunktiv	Möglichkeitsform	*Hätte* ich doch *angerufen*!
maskulin	männlich	*der* Anzug, *ein* Baum
Modalverb	Zeitwort der Art und Weise	*können*, *müssen*, *wollen*
Modus	Aussageweise des Verbs (Indikativ, Konditional, Konjunktiv, Imperativ)	ich *gehe*, ich *ginge*, *geh*!
Negation	Verneinung	ich komme *nicht*
Nominativ	1. Fall, Wer-Fall	*der* Mann, *die* Frau, *das* Kind
Neutrum	sächliches Geschlecht des Substantivs	*das* Haus, *ein* Buch
Objekt	Satzergänzung	Maria kauft *Schuhe*.
Ordinalzahl	Ordnungszahl	*erste/r/s*, *zweite/r/s*
Partizip Präsens	Mittelwort der Gegenwart	*schweigend*, *weinend*
Partizip Perfekt	Mittelwort der Vergangenheit	*gefahren*, *verkauft*
Passiv	Leideform	die Katze *wird gefüttert*
Perfekt	vollendete Vergangenheit	ich *habe gelesen*
Personalpronomen	persönliches Fürwort	*du*, *er*, *sie*
Plural	Mehrzahl	*Straßen*, *Menschen*

Fachbegriff	Erklärung	Beispiel
Plusquamperfekt	Vorvergangenheit	ich *hatte gelesen*
Possessiv-pronomen	besitzanzeigendes Fürwort	*meine* Jacke, *sein* Buch
Prädikat	Verb des Satzes	ich *schreibe* einen Brief
Präposition	Verhältniswort	*auf*, *zwischen*, *in*, *mit*
Präsens	Gegenwart	ich *lese*
Pronomen	Fürwort	*du*, *es*, *ihm*
Reflexivpronomen	rückbezügliches Fürwort	ich wasche *mich*
Relativpronomen	bezügliches Fürwort	das Buch, *das* ich lese
Singular	Einzahl	*Straße*, *Mensch*
Subjekt	Satzgegenstand	*Maria* kauft Schuhe.
Substantiv	Nomen, Hauptwort	*Sonne*, *Glück*
Superlativ	2. Steigerungsstufe des Adjektivs oder Adverbs	das *schönste* Auto, sie fuhren *am schnellsten*
transitiv	Verb mit Akkusativ-ergänzung	wir *kennen* den Film
Verb	Tätigkeitswort, Zeitwort	*lesen*, *fahren*

Lösungen zu den Übungen

Übung 1

dans une boulangerie : une – de
dans une charcuterie : du – de – des – d' – des
dans un restaurant : un/l'– une – le

Übung 2

a) la
b) le
c) le
d) l'
e) le
f) la

Übung 3

professeur de physique – pot de fleur – objet d'art – déclaration d'impôts – mot de passe

Übung 4

a) amis
b) chevaux
c) carnavals
d) genoux
e) clés
f) cheveux

Übung 5

a) Tu surfes, tu cliques, tu trouves un thème intéressant, tu télécharges.
b) Il entre dans un tabac, il achète des blondes, il fume, il jette la cigarette.
c) Elles voyagent, elles rencontrent des amis, elles vont au bistrot, elles commandent un apéritif.

Verschiedene Szenarios/Handlungsabläufe sind möglich. Wichtig ist, dass Sie die Verben korrekt konjugieren!

Übung 6

a) parle
b) finissez
c) attends
d) fait
e) voyageons
f) es
g) se reposent
h) sors
i) travaille
j) ont

Übung 7
a) Regardez
b) Finissez
c) Soyez
d) Gardez

Übung 8
a) fais
b) Sache
c) Demande
d) habille

Übung 9
a) Est-ce que vous cherchez quelqu'un ?/Vous cherchez quelqu'un ?
b) Comment est-ce qu'il est ?/Il est comment ?
c) Est-ce qu'il porte une barbe/Il porte une barbe ?
d) Quel âge est-ce qu'il a ?/Il a quel âge ?
e) Pourquoi est-ce que vous le cherchez/Pourquoi vous le cherchez ?

Übung 10
a) Qui est-ce ?/C'est qui ?
b) Comment s'appelle-t-il ?/Comment est-ce qu'il s'appelle ?/Il s'appelle comment ?
c) Comment est-il ?/Comment est-ce qu'il est ?/Il est comment ? oder Comment le trouves-tu ?/Comment est-ce que tu le trouves ?/Tu le trouves comment ?
d) Quel âge a-t-il ?/Quel âge est-ce qu'il a ?/Il a quel âge ?
e) Fume-t-il (beaucoup) ?/Est-ce qu'il fume (beaucoup) ?/Il fume (beaucoup) ?

Übung 11
a) Non, je ne suis pas de Paris.
b) Non, je n'ai pas d'amis ici.
c) Non, je n'ai pas (encore) vu le centre Pompidou.
d) Non, je ne suis pas allée au musée d'Orsay.
e) Non, je n'aime pas les Impressionnistes.
f) Non, je n'ai pas fait de shopping aux Galeries Lafayette.
g) Non, je ne connais pas la brasserie « Aux deux magots ».
h) Non, je n'ai rien de prévu ce soir.

Übung 12
a) as quitté
b) a attendu
c) ai fini
d) est allée
e) avons été

f) sont montées
g) s'est levé
h) ai fait

Übung 13
suis allé, étais, a acheté, faisaient, a commencé, ai couru, était, pouvait, était, a sonné, est venu, avait, est sortis, a pique-niqué

Übung 14
belle, espagnol, petit, fantastique, bleus, bruns, blanche, originaux, drôles

Übung 15
a) rapidement
b) couramment
c) difficilement
d) bien
e) tranquillement
f) proprement
g) mal
h) complètement

Übung 16
a) très
b) beaucoup
c) très, beaucoup
d) très
e) beaucoup, très

Übung 17
La Côte d'Azur est plus touristique que la Bretagne.
Le TGV est plus rapide que le train normal.
Les cerises sont meilleures que les fraises.
La Chine est le pays le plus peuplé.
La Bavière est la région d'Allemagne la plus connue.

Übung 18
a) Elle écrit le plus vite.
b) Mes amis allemands parlent bien français mais Susanne parle le mieux.
c) Ici, on peut nager plus agréablement que dans un autre lac.
d) En ce moment, nous nous voyons/(on se voit) plus rarement.
e) Nous étions/(on était) en Irlande en août, parce qu'il (y) pleut le moins.

Übung 19
a) aussi
b) autant
c) aussi
d) aussi
e) autant

Übung 20
son, sa, sa, ses, ses, son, votre, ma, son, ses

Übung 21
a) la vôtre
b) le sien
c) le tien
d) le mien oder le nôtre
e) la tienne oder la vôtre
f) la leur

Übung 22
Dans une boutique : cette, ce – A l'aéroport: cet, cette – A Munich, en été: ces, ce

Übung 23
celle-ci/là, celui-ci/là, ceux-ci/là, celui-ci/là, celles-ci/là

Übung 24
a) les
b) l'
c) lui
d) le
e) leur
f) la

Übung 25
a) en
b) y
c) y
d) y
e) en
f) en

Übung 26
a) je le lui demande
b) nous ne lui téléphonons pas
c) tu le lui as demandé
d) vous ne lui donnez pas
e) je l'y ai rencontré

Übung 27
a) où
b) qui
c) dont
d) qui
e) que

Übung 28
- a) allons passer
- b) ne va pas faire
- c) vas téléphoner
- d) vais aller
- e) allez être

Übung 29
- a) arrêterai
- b) m'énerverai
- c) consacreront
- d) boira
- e) travailleras
- f) irons

Übung 30
- a) auras fini
- b) sera revenu
- c) aurons payé
- d) aurai arrêté

Übung 31
- a) existerait
- b) serait
- c) aurait
- d) ferions
- e) pourraient

Übung 32
- a) aurait … terminé
- b) aurait … pu
- c) aurais … aimé
- d) serions … allé(e)s
- e) serais … resté(e)

Übung 33
- a) Elle a promis qu'elle serait de retour dans un quart d'heure.
- b) Il m'a raconté qu'il avait vu Monsieur Perroches au marché ce matin.
- c) Ils m'ont demandé si j'allais à la piscine ce soir.
- d) J'ai répondu que ça n'était pas sûr, que ça dépendait du temps.
- e) Il a voulu savoir pourquoi j'étais si triste la veille.
- f) Elle m'a demandé ce que j'avais fait la veille/ce que nous avions fait la veille.
- g) Il m'a raconté qu'ils iraient au Portugal cette année.
- h) Elle m'a affirmé que ce n'était pas grave, que j'allais comprendre.

Übung 34

a) 4,
b) 6,
c) 5,
d) 3,
e) 1,
f) 2,
g) 8,
h) 7

Übung 35

a) b,
b) a,
c) a,
d) c,
e) b,
f) c,
g) a

Übung 36

a) depuis,
b) en,
c) à,
d) dans,
e) dans und pour,
f) il y a
g) pendant und pendant

Übung 37

a) sois
b) cherchions
c) achètes
d) viennes
e) aillent
f) ait … changé
g) fasses
h) ayez

Übung 38

a) Le « parfum no 5 » a été créé par Coco Chanel.
b) Une éclipse de Soleil a été observée en août 1999.
c) Le plafond de l'Opéra Garnier à Paris a été peint par Marc Chagall.
d) Le roman « Bonjour Tristesse » a été écrit par Françoise Sagan.
e) Les montres « Cartier » sont fabriquées en Suisse.

f) « Rigoletto » a été composé par Verdi.
g) Le canal sous la Manche a été ouvert en 1994.
h) Le film « Marius et Jeannette » a été tourné par Robert Guédiguian.

Übung 39

a) en ayant une idée géniale en informatique
b) en copiant sur sa voisine
c) en sortant et en s'amusant
d) en buvant pour oublier ses soucis
e) en voyageant
f) en faisant l'exercice

Übung 40

dix : 10, six : 6, quatorze : 14, trois : 3, dix-sept : 17, vingt et un : 21, soixante : 60, trente-trois : 33, quinze : 15, mille sept cent quatre-vingt-huit : 1788, quarante : 40, deux mille : 2 000, soixante-douze : 72, un demi : 1/2, six cents : 600, cinquante : 50, quatre-vingt-onze : 91, trois quarts : 3/4, cinquante pour cent : 50%

Übung 41

13 : treize, 50 : cinquante, 31 : trente et un, 69 : soixante-neuf, 15% : quinze pour cent, 14 : quatorze, 1/3 : un tiers, 100 : cent, 26 : vingt-six, 92 : quatre-vingt-douze (nonante-deux), 7 : sept, 1789 : mille sept cent quatre-vingt-neuf (mille sept cent octante/huitante-neuf), 44 : quarante-quatre, 75 : soixante-quinze (septante-cinq), 0 : zéro

Register